L'ELVIRE

DE LAMARTINE

NOTES SUR

M. & Mme CHARLES

PAR

ANATOLE FRANCE

(avec fac-similés)

PARIS

H. CHAMPION, LIBRAIRE

9, QUAI VOLTAIRE, 9

1893

ELVIRE

NOTES SUR M. ET Mme CHARLES.

PARIS. — IMP. GAUTHIER-VILLARS ET FILS,
55, quai des Grands-Augustins, 55.

L'ELVIRE

DE LAMARTINE

NOTES SUR

M. & Mme CHARLES

PAR

Anatole FRANCE.

(avec fac-simile.)

PARIS,

H. CHAMPION, LIBRAIRE

9, QUAI VOLTAIRE, 9

—

1893

ELVIRE

NOTES SUR M. ET Mme CHARLES,

AVEC DOCUMENTS INÉDITS.

On n'ignore point que celle que Lamartine appelle Elvire dans les *Méditations*
et Julie dans *Raphaël* était, en réalité,
Mme Charles, la femme du célèbre physicien. Si l'on a consacré des volumes entiers à Mme de Beaumont et à Mme de Custine, illustrées l'une et l'autre par le culte
rapide et même un peu brusque que leur
voua Chateaubriand, il sera permis peut-
être de rappeler en quelques lignes la mé-

moire de la jeune femme enthousiaste et maladive qui fut la religion de Lamartine jeune. Elle n'était connue jusqu'ici que par les effusions du *Lac* et du *Crucifix*, et par les confidences du poète, voilé négligemment et mal caché sous ce nom d'archange qu'illustra le Sanzio. Le faux Raphaël fait une confession arrangée, où la passion prend soin de s'écheveler avec art, où rarement le poète oublie de surveiller l'attitude de son extase ou de son désespoir. Le livre lui-même, à la fois mémorial et roman, est d'un genre mixte : circonstances, sentiments, caractères, tout s'y joue sur les confins indéterminés de la fiction et de la réalité.

La figure de l'héroïne prend, dans ces régions indécises, un aspect vague et flottant. Elle est insaisissable, plus chimérique

encore qu'idéale. Pourtant, c'est Elvire,
c'est Julie, c'est-à-dire la parente, sinon
l'égale, de Cynthie, de Béatrice et de
Laure. A ce titre elle est sacrée, et c'est
avec un tendre respect que l'autre jour,
chez M. Étienne Charavay, j'ai feuilleté
quelques lettres, écrites par cette Julie, qui
fit naître les plus beaux vers des *Méditations*. M. Étienne Charavay n'est jamais
si heureux que lorsqu'il a servi les lettres
ou les sciences. Non content d'être lui-
même un érudit, dont la place est marquée
à l'Académie des inscriptions, il fait part
aux lettrés, avec une libéralité infatigable,
des trésors de son riche cabinet d'autographes. Voyant que les lettres de
Mme Charles m'intéressaient, il me pressa
de les publier moi-même, avec plusieurs
lettres de Charles, jointes au dossier.

Je me suis efforcé de tirer de ces documents, à défaut d'une histoire suivie, quelques notes sur une personne jusqu'ici aussi
inconnue qu'illustre (¹).

(¹) Plusieurs personnes m'ont fourni, pour ce petit
travail, des indications précieuses. Je prie MM. Gaston
Boissier, de l'Académie française; D. Neuville, archiviste du Ministère de la Marine; Le Beau, chef du
Service de la Marine, à Nantes; S. de la Nicollière,
archiviste de la ville de Nantes; Charles de Grand-
maison, archiviste du département de l'Indre; Fer-
nand Bournon, archiviste de la ville de Saint-Denis;
Edm. Poinsot (Georges d'Heilli), chef du Bureau des
Maisons d'éducation à la Grande Chancellerie de la
Légion d'honneur; Maurice Tourneux, Félix Reyssié,
avocat à Mâcon; Lucien Faucou, conservateur-adjoint
du musée Carnavalet; René Samuel, sous-bibliothé-
caire du Sénat; M⁽ˡˡᵉ⁾ Jeanne Cantel; d'agréer l'expression de ma vive gratitude.   A. F.

I

Julie-Françoise Bouchaud des Herettes naquit en 1782, à Saint-Domingue, de créoles français, qui avaient leur habitation au fort de Paix [1]. En 1791, lors du massacre des blancs, s'il en faut croire un récit que Lamartine met dans la bouche même de Julie, Mme des Herettes, fuyant dans une chaloupe avec ses deux filles, périt en mer. Les deux orphelines, dont Julie était la plus jeune, furent sauvées et rendues à leur père qui, dépouillé de ses biens, proscrit, abandonna la colonie, et

[1] Voir l'*Appendice*, II, à la fin du volume.

se rendit avec elles en France (¹). Ces
malheureux furent recueillis par des parents pauvres de Bretagne. A douze ans,
selon *Raphaël*, Julie fut placée dans « une
de ces maisons somptueuses où l'État recueille les filles des citoyens morts pour le
pays (²) ». Un homme « célèbre et âgé (³) »
venait de temps en temps, au nom de l'Em-

(¹) *Raphaël, pages de la vingtième année*, édition
publiée par la Société des Œuvres de Lamartine.
1892 ; in-18, p. 52. Le récit de Julie commence ainsi :
« Je suis née, dit-elle, près du pays de Virginie, car
l'imagination du poète a fait une patrie à son rêve,
dans une des îles du tropique ». C'est de Saint-Domingue, comme on le voit un peu plus loin, que Julie veut parler, et l'on est surpris que cette inexac-
titude ait échappé à l'écrivain qui devait un peu plus
tard écrire un drame sur *Toussaint Louverture*.

Un peu plus loin : « Le nom de ma famille est
D***. Julie est le mien...... Mon père me ramena
en France à l'âge de six ans ». Elle devait en avoir
au moins neuf. Quant au séjour en Bretagne, il est
assez probable. Nous verrons (*Appendice*, II) qu'un
M. des Herettes, probablement oncle de Julie, habitait Nantes en 1815.

(²) *Raphaël*, p. 52.
(³) *Raphaël*, p. 53.

pereur, visiter la maison d'éducation natio-
nale et s'informer du progrès des études.
Ce vieillard regardait la jeune créole avec
prédilection. Dès qu'elle eut dix-sept ans,
comme elle était près de quitter le pen-
sionnat et d'entrer dans le monde, où elle
n'avait ni biens, ni parents, ni amis, il
lui offrit sa propre maison et lui proposa
d'accepter, « aux yeux du monde et pour
le monde seulement, le nom, la main, l'attachement d'un vieillard qui ne serait qu'un
père, sous le titre d'époux » (¹).

Elle ne refusa point cet asile honorable
et sûr; le jour où elle sortit de pension,
elle entra dans la maison du vieillard qui
ne souffrit point qu'elle l'appelât jamais
d'un autre nom que celui de père. Cette
partie du récit que M. de Lamartine met
dans la bouche de Julie soulève d'insur-

(¹) *Raphaël*, p. 53, 55.

montables difficultés. En parlant d'une de ces maisons somptueuses où l'État recueille les filles des citoyens morts pour le pays, il semble que le poète veuille désigner Saint-Denis, Écouen ou les Loges. Mais les trois maisons d'éducation de la Légion d'honneur ne furent créées qu'en 1805, et nous allons voir que Mlle des Herettes se maria en 1804.

Nous savons d'ailleurs, par une lettre qu'on va lire, que Julie des Herettes avait encore son père et qu'elle habitait avec lui la Grange, près Tours, lorsqu'elle épousa un vieillard « célèbre et âgé ». Ce père paraît avoir été un hobereau buveur, querelleur, n'estimant rien tant que ses fusils et ses chevaux, jurant, sacrant, faisant enrager tout le monde autour de lui. Vous le verrez tout à l'heure comparé à M. Western, ce squire ivrogne que Fielding a peint si vivement dans le roman de *Tom Jones*. Il rendait sa fille Julie horriblement

malheureuse. La pauvre enfant, délicate
de santé, ne trouvait de repos que chez un
oncle, qui était aussi doux et sage que le
père était violent et absurde. Nous appren-
drons bientôt que, si celui-ci par sa rudesse
rappelait Western, l'oncle ressemblait à
ce M. Allworthy dont Fielding a tracé
dans son roman une sympathique image :
« La nature, dit l'auteur de *Tom Jones*,
lui avait donné un extérieur agréable, une
constitution saine, une raison solide et un
cœur bienfaisant... Ni sa maison, ni son
cœur n'étaient fermés à aucune sorte d'hu-
mains; mais ils étaient préférablement ou-
verts aux gens de mérite. Par-dessus tous
les autres, les personnes de science et d'esprit avaient part à sa faveur. » Aussi, le
prétendant à la main de Julie, se sentant
favorisé par l'oncle de la jeune fille, songe-
t-il tout de suite à le comparer au bon
M. Allworthy.

Ce prétendant était M. Charles (Jacques-
Alexandre-César), âgé alors de cinquante-
huit ans et fameux physicien. Il eut fort à
lutter pour obtenir Mlle des Herettes, qui
ne demandait pas mieux que d'épouser un
vieillard aimable et bon, resté jeune par la
gaieté ingénue de l'âme, la simplicité du
cœur (¹), l'activité de l'esprit, sain, agréable, illustre. Mais le père, le terrible hobereau, ne voulait pas entendre parler de ce
mariage. Il eût dit volontiers comme le
squire à Jones : « Mon ami, je n'ai rien à
vous refuser, prenez chez moi ce que vous
voudrez, hors mes terres, mes chiens, ma

(¹) Charles, très ingénieux, passait pour ingénu. Il
avait, dit-on, des candeurs, qui ne déplaisent pas
chez un savant. Je trouve, dans un Catalogue d'autographes, une phrase tirée d'une lettre adressée
par le physicien à M. de Livry, le 1ᵉʳ février 1781,
qui peut passer pour un exemple de ce tour naïf de
la pensée. Voici cette phrase : « Il y a sans doute
des hommes qui se sont élevés plus haut en morale
que moi en physique. » (Catalogue Laverdet, du
23 janvier 1855).

jument et ma fille. » Mais il est fort douteux qu'il eût des terres. Il y eut un mois plein d'incertitudes. M. des Herettes refusa d'abord, puis il promit sa fille dans un an, jurant, sacrant, reniant Dieu, pleurant, cédant :

« Eh bien, là ! je vous la donne, ma fille, la voilà. Elle est à vous. A présent, n'en parlons plus. »

Le lendemain, tout était à recommencer. M. des Herettes retirait sa parole et, sans l'excellent oncle, M. Charles n'eût, peut-être jamais épousé Julie. Le mariage fut enfin célébré dans les derniers jours de juillet 1804. Voici la lettre par laquelle M. Charles conte avec son ingénuité naturelle à ses bons amis, les Vindé, cette affaire qu'il avait fort à cœur, car il aimait chèrement cette jeune Julie qui paraît avoir été en effet une excellente créature. Il écrit peu de jours avant la

cérémonie du mariage, définitivement
fixée :

La Grange, près Tours, le 4 thermidor, an XII
(23 juillet 1804).

Enfin, mon très cher, je puis aujourd'huy vous
donner des nouvelles positives. Jeudi prochain,
j'épouse cette bonne Julie, et dans quinze jours
j'espère être de retour avec elle à Paris. Certainement, elle vaut bien plus que toutes les peines
que sa possession m'aura coûtées : il n'y a guères
de romans qui contiennent plus d'incidens et de
caractéres singuliers, intéressans et bizarres qu'il
ne s'en est trouvé dans cette suite de nouveaux
tableaux de famille. Vous connoissiés déjà assés
bon nombre d'originaux figurant dans les scènes
de Paris. J'en ai trouvé bien d'autres ici. Western n'est rien auprès du beau-père. L'oncle de
Julie est un excellent homme faisant le pendant
d'Allworthy (¹). Sans lui, sans son extrême bien-

(¹) Il ne faut pas être surpris si M. Charles fait si
naturellement allusion au roman publié par Fielding,
en 1750. Ce roman avait été, dès son apparition, tra-
duit en français par Laplace, et il était aussi goûté
pour le moins à Paris qu'à Londres. Desforges en tira
une comédie en cinq actes, en vers, qui fut représentée

veillance et ses soins obligeants, il y a longtemps
que cette pauvre enfant ne seroit plus. Je l'ai
trouvée dans un délabrement de santé très inquié-
tant. Elle est revenuë à vuë d'œil, et elle se porte
maintenant autant bien que peut le permettre
une constitution délicate à la suite d'orages aussi
multipliés.

Je m'attends bien à la colère de Mme de Vindé :
cinq semaines de silence !... Franchement, pendant tout ce temps je ne savois trop que dire, et,
tout en travaillant ici chacun de notre côté à la
conclusion, nous avions à tout moment la crainte
de voir M. Western renverser nos plus chères
espérances. Il disoit encore hyer entre ses dents
à l'un de nous : « Ah ! si j'étois le maître !... et si
nous ne l'avions pas aussi bien emmailloté, ce
gros poupard, qui sait si jeudi matin il ne lui
prendroit pas la fantaisie d'apposer son veto à la
cérémonie ! »

Je n'ai pas le loisir de vous donner des détails.
J'irai quelque beau matin vous conter tout cela

sur le Théâtre-Français en 1782. Charles connaissait peut-être cette pièce. Il est probable que, grand
amateur de musique, il connaissait le *Tom Jones* de
Philidor, qui, vieux de trente-neuf ans, n'était pas
oublié.

On trouve, dans les *Métamorphoses de Melpo-
mène et de Thalie*, un portrait de l'acteur Caillot
(Comédie Italienne), dans le rôle de Western (Pl. 20).

moi-même. En attendant, il faut bien que vous et
Mme de Vindé vous vous contentiés du titre des
chapitres :

1er voyage. — Arrivée à Orléans et départ pour
Tours.

2e. — Arrivée chez le bon oncle. Réception de
Julie, de l'oncle; accueil terrible de Western.

3e. — Scène du soir avec le père, il s'ama-
doue, etc.

4e. — Western promet sa fille dans un an, jure,
sacre, renie Dieu et, au bout de la même phrase,
il prend la main de sa fille en pleurant, la met
dans celle de son ami. Hé bien, là, je vous la
donne, ma fille, la voilà, elle est à vous. A présent, n'en parlons plus.

5e. — Le lendemain, il ne veut plus de tout
cela. Enfin, au bout d'un mois de tergiversations,
de repentirs et de variantes, Julie est unie à son
ami.

CHAPITRE DERNIER.

Charles et Julie à la Celle racontent leurs aven-
tures à Mme de Vindé qui parie toujours en les
écoutant et qui, lorsque c'est fini, dit : « Vous en
passés, ce n'est pas là tout. »

Adieu, cher et bon ami. Je vous embrasse de tout mon cœur et vous aime de même.

CHARLES.

Mes hommages bien tendres à Mme de Vindé. Ne me répondés pas : dans cinq à six jours d'ici je vais faire quelques excursions aux environs de Tours et d'Orléans avant de rentrer à Paris où il me tarde bien de vous revoir.

Suscription :

A Monsieur

Monsieur DE VINDÉ

Rue Grange-Batélière,

A Paris.

Timbres de la poste : { En bleu. / En rouge.

Julie Bouchaud des Herettes, ou de Desherettes, avait alors vingt-deux ans.

On apprend, par cette lettre, que les choses se passèrent tout autrement qu'elles ne sont rapportées dans *Raphaël*. D'abord, il y avait un père. Et quel père! Ivrogne, brutal, reniant Dieu, terrible et faible. Un vieux poupard qu'il fallait savoir prendre et emmailloter. Et puis, le marié, en dépit de ses cinquante-huit ans, ne semble pas si désintéressé et paternel que le veut M. de Lamartine. Il a l'air, au contraire, assez conquérant quand il s'écrie : « Cette bonne Julie vaut bien plus que toutes les peines que sa possession m'aura coûtées. » Ce brave homme fait tout l'effet de se croire marié pour de bon. Il se montre plus inquiet de la santé de Julie que de la sienne. Il l'avait trouvée en ruine malgré sa jeunesse. Il se flattait de réparer par ses soins cette constitution délabrée. Mais Julie devait rester toute sa vie une malade et mourir jeune : de toutes les héroïnes poétiques, celle-là est certainement la plus souffrante ; et elle a bien fait, pour sa gloire, de vivre

dans un temps où la langueur était un
charme chez les femmes.

Avant d'aller plus loin et de tirer les
lettres de cette jeune femme du dossier
que M. Étienne Charavay m'a gracieuse-
ment communiqué, il convient, ce me
semble, de rappeler en quelques mots ce
qu'était M. Charles à l'époque de son mariage. On fut Mme Charles devant qu'être
Elvire. Et Mlle des Herettes n'eut pas
tant tort, ce me semble, d'épouser son ami,
le vieux physicien. Cet excellent homme la
fit vivre en attendant qu'un autre la rendit
immortelle.

Venu tout jeune et pauvre de sa jolie petite ville de Beaugency, Charles entra comme simple commis dans les bureaux du contrôleur général des finances. Il y était depuis quelques années, lorsque son emploi fut supprimé. Il s'occupa alors d'expériences de physique. Studieux, ingénieux et attentif, il acquit rapidement dans ces sortes de recherches une rare habileté. Comme il joignait à la dextérité de la main la facilité de l'élocution, les démonstrations qu'il fit d'abord devant quelques amis furent suivies avec tant d'intérêt que l'idée lui vint d'ouvrir un cours public. Le moment était favorable : les sciences expérimen-

tales, mises en honneur par l'esprit phi-
losophique, accomplissaient d'admirables
progrès. Le zèle des savants était soutenu
par la faveur publique. La découverte ré-
cente du paratonnerre excitait une vive
curiosité, et la physique, devenue à la
mode, occupait les dames. Les leçons de
M. Charles attirèrent un public nombreux
d'étrangers, de femmes et de savants. On
y vit Franklin et Volta.

Le jeune maître savait rendre ses démonstrations frappantes. Il visait à la
grandeur des phénomènes. Faisait-il une
expérience microscopique, il obtenait des
grossissements énormes. Étudiait-il la
chaleur rayonnante, il en produisait les
effets à une grande distance. Dans ses
leçons sur l'électricité, il foudroyait un
animal.

« Dès qu'un orage s'annonçait (c'est

Fourier qui parle), Charles dirigeait vers
le ciel son appareil électrique; il faisait
descendre du sein des nuages des milliers
d'étincelles formidables de plus de douze
pieds de longueur, et qui éclataient avec un
bruit pareil à celui des armes à feu (¹). »
Il ravissait, lui aussi, la foudre au ciel.
Franklin admirait son élève. « La nature
disait-il, ne lui refuse rien. Il semble qu'elle
lui obéisse (²). » En 1783, l'invention de
l'aérostat exalta encore les espérances sublimes que les hommes de cette génération,
nourris de l'*Encyclopédie*, concevaient de
la science et de l'intelligence humaine.
Aux montgolfières, remplies d'air chaud,
Charles substitua l'aérostat gonflé d'hydro-

(¹) *Académie royale des Sciences, séance publique du lundi 16 juin 1828. Éloge historique de
M. Charles*, par M. le baron FOURIER, secrétaire
perpétuel. In-4°, p. 3.
(²) BRAINNE, *Les hommes illustres de l'Orléanais*.
1852, 2 vol. in-8°. Article *Charles*.

gène, qu'on appelait alors air inflammable. Le premier voyage aérien tenté par Pilâtre de Rozier et le marquis d'Arlandes avait eu lieu le 21 novembre 1783. Charles fit le second dix jours après, dans un ballon de soie enduit d'un vernis imperméable, avec une soupape au sommet, lesté, enveloppé d'un filet auquel était suspendu une nacelle d'osier. L'ingénieux physicien avait songé à laisser une ouverture à la partie inférieure du ballon, pour le cas où le gaz se dilaterait excessivement; il s'était muni d'un baromètre pour mesurer la hauteur des régions parcourues et d'une ancre afin d'atterrir. Enfin, il avait créé du premier coup presque toutes les parties de l'art aérostatique. Il partit du jardin des Tuileries avec Robert et s'éleva à sept mille pieds de hauteur, acclamé par la foule immense de spectateurs qui couvraient les places, les avenues, les toits. Beaucoup,

dans leur généreuse émotion, pleuraient.
D'autres s'embrassaient comme en délire.
On fit, en mémoire de cette fête de la
science, des poèmes, des estampes avec
cette légende : *Sic itur ad astra*. Et les
assiettes de faïence, décorées de ballons,
portaient la gloire de l'aéronaute jusque
dans les campagnes (¹).

(¹) Cf. *Description des expériences de la machine
aérostatique de MM. de Montgolfier et de celles
auxquelles cette découverte a donné lieu*, par Fan-
jas de Saint-Fond. Paris, 1784. In-8°, t. II (Première suite), pages 31 et suivantes.

Consultez aussi : A. Sircos et Th. Pallier, *Histoire des ballons*. Préface de Nadar. Paris, 1876.
Grand in-8°, p. 68 et suivantes. On lit dans ce livre,
p. 68, note :

« En quelques jours, Charles avait créé l'art de
l'aérostation et d'un seul coup imaginé les différents
appareils qui permettent de s'élever dans l'air sans
danger ; il fit plus en trois semaines, que tous les
aéronautes n'ont fait depuis plus de quatre-vingt-
dix ans ; pour cette première ascension, il fit usage
de la nacelle où se placent les voyageurs, du filet
qui soutient la nacelle, de l'enduit de caoutchouc
qui tapisse l'extérieur du ballon et empêche la dé-
perdition du gaz, de la soupape qui permet de laisser

Louis XVI s'intéressait au progrès des sciences appliquées. Il encouragea particulièrement les expériences aérostatiques. Mercier suppose, dans son roman prophétique (qui ne s'est guère trouvé véritable) (¹), que l'avenir n'oublierait pas cette sollicitude du prince. Il fait dire à un Français de l'an 2440 : « On citait, autour de moi, Montgolfier et Louis XVI, qui avaient imprimé un caractère national à ces premiers globes, à ces globes merveilleux, dont les autres nations furent si jalouses. Car la noble conquête que l'homme avait

échapper le gaz hydrogène et de descendre lentement et sans secousse jusqu'à terre, du lest, et enfin du baromètre qui indique, par la pression ou la dépression du mercure, la hauteur à laquelle atteignent les aéronautes. Du premier coup, le célèbre professeur de physique avait créé la science de l'aérostation : depuis lors, on a peu modifié le système de Charles et presque rien ajouté aux dispositions imaginées par lui. »

(¹) *L'an deux mille quatre cent quarante. Rêve s'il en fût jamais.* Londres, 1775. In-8°.

faite sur un troisième élément était due à
un Français et à un monarque qui n'avait
pas séparé sa gloire de celle de son
peuple. » Et il est de fait que le roi, après
avoir vivement redouté pour les deux aéronautes les dangers d'un voyage si nouveau,
récompensa Charles par une pension sur
sa cassette.

C'est en ce temps que Charles eut avec
Jean-Paul Marat une querelle qu'il n'avait
point cherchée. Marat, âgé alors de quarante et un ans, était médecin des gardes
du corps du comte d'Artois. Bilieux, hypo-
condriaque, fiévreux, il se plongeait dans
les sciences physiques avec l'ardeur d'un
corps enflammé par la maladie et d'un cer-
veau sans cesse bouillant. Il multipliait les
expériences et publiait de nombreux mémoires, que les académiciens traitaient
avec dédain, ou tout au moins avec négli-
gence. La science de Jean-Paul Marat

était-elle si peu digne d'intérêt, et ses travaux sur le feu, la lumière et l'électricité méritaient-ils les mépris des savants en place ?

Aujourd'hui, ces expériences d'un physicien, qui croyait que le feu est un élément, nous semblent de vieilles rêveries. Mais ceux qui jetaient au panier dédaigneusement les mémoires de Marat n'en savaient pas plus que lui sur la composition de l'air et sur les phénomènes de la combustion. Avant Lavoisier, cette partie de la physique n'était pas du tout constituée. Il semble bien que Marat, dans ses vieilles ténèbres, ait eu des lueurs. Le docteur Auguste Cabanès a publié l'an passé un livre très étudié sur *Marat inconnu*, c'est-à-dire sur Marat savant, et l'on incline à croire, quand on a lu ce livre, que le médecin des gardes du corps du comte d'Artois était un expérimentateur fécond

et ingénieux. Il institua deux cent treize
expériences sur l'électricité, qui valaient
bien, peut-être, qu'on y fit quelque attention, et dont le *Journal des Savants*, or-
gane de l'Académie des Sciences, ne parla
pas. Marat, qui avouait son amour de la
gloire, souffrit cruellement de ce silence.
Une attaque imprévue acheva de l'exas-
pérer. Un sieur Ledru l'accusa de plagiat.
Ces expériences, disait-il, avaient été déjà
faites par son père. Or, Ledru père
(Nicolas-Philippe) était un physicien si
prompt à charmer les curieux par d'ingé-
nieuses démonstrations, qu'on lui avait
donné le nom d'un petit dieu fort oublié
aujourd'hui, mais très connu en un temps
où l'on raffolait de mythologie, et qui,
couronné de roses, s'attachait les olympiens
par son art d'égayer leur table et leur lit.
On ne connaissait Ledru que sous le nom
de Ledru Comus. Ce n'en était pas moins

un habile homme et un homme de bien, professeur des enfants de France sous le feu roi. A l'époque où nous sommes, on ne parlait point encore du prestidigitateur Comus, si fameux vers 1800, qui ne demandait pas mieux qu'on le prît pour Ledru Comus, avec lequel on l'a plus d'une fois confondu en effet. Mais Nicolas-Philippe Ledru inclinait lui-même à la physique amusante et son adresse était plus vantée que sa science. Il avait surtout la réputation d'un prodigieux faiseur de tours de passe-passe.

Aussi, quand Marat fut accusé de lui avoir volé ses expériences, ce fut un grand éclat de rire par le monde savant. Charles n'était pas alors de l'Académie, mais il était bien près d'en être. C'est deux ans plus tard qu'il y fut nommé. En attendant, il partageait à l'endroit de Marat les opinions de ses futurs collègues et tenait ce

médecin pour un très méchant physicien.
À l'une de ses leçons publiques, il ne se
gêna pas pour faire, en souriant, entre
Comus et Marat, un parallèle où ce dernier était moqué. Il ne faut pas plaisanter
avec les fous. Aussitôt averti des propos
tenus publiquement sur son compte, Marat
sort de sa chambre de la rue du Sépulcre,
court jusqu'à la place des Victoires où de-
meurait Charles et bondit chez le physicien
à dix heures de la matinée. Que se passa-
t-il entre eux ? Marat, si on l'en croit, se
borna à demander des éclaircissements
sur un parallèle qu'il jugeait offensant.
Charles répondit qu'il n'avait aucune ex-
plication à donner, et Marat se retirait
déjà quand Charles lui asséna un terrible
coup de poing sur l'œil. Le malheureux
en demeura étourdi. Mais Charles n'était
pas encore rassasié de violence. Avec deux
hommes accourus à son aide, il arracha

du fourreau l'épée de Marat et la brisa.
Marat s'échappa à grand'peine de leurs
mains. C'est du moins ainsi qu'il rapporte
la scène : mais on ne croira jamais qu'il ait
été si patient et Charles si lâche et si furieux. A ce récit (¹), on peut opposer celui
de Charles, qui écrivait le surlendemain à
M. G... une lettre dont je trouve un extrait
dans un catalogue d'autographes (²).

Sans vouloir décliner son nom, ses griefs, il
(Marat) me provoque injurieusement à sortir en
me donnant les dénominations les plus insul-
tantes. J'ai sauté sur lui en brisant son épée
déjà toute tirée et j'en ai le tronçon chez moi qui
a été jugé par tout le monde comme l'arme la
plus dangereuse et la plus meurtrière. Lequel
des deux est l'agresseur de celui qui veut vous
forcer à mettre l'épée à la main pour de simples
opinions, ou de celui qui, assailli chez lui par un
homme inconnu, cherche à se soustraire à des
intentions très équivoques?

(¹) *Marat inconnu*, par le docteur Cabanès, 1891.
In-12, p. 318.
(²) Catalogue Laverdet du 23 novembre 1861.

Il n'est pas impossible de concilier ces deux documents, et de se figurer la scène dans son ensemble. Marat entre comme un furieux, il oublie ce qu'il venait dire ; il ne sait ce qu'il dit et se répand en invectives. Assailli par ce fou, Charles se croit en danger et appelle au secours. On désarme l'agité médecin des gardes, et Charles croit de bonne foi avoir échappé à la mort. De bonne foi aussi Marat croit qu'on a voulu l'assassiner. Il est une circonstance sur laquelle ils se taisent l'un et l'autre et qui ne nous est révélée que par l'éloge que Fourier lut à l'Institut après la mort de Charles. Celui-ci infligea, dit-on, au visiteur insolent une correction d'un tel genre qu'elle ne peut être indiquée précisément dans un discours académique. Cela est de trop. Mais le bon Charles ne se connaissait plus.

La lettre dont je viens de citer quelques

lignes est du 17 mars 1783. Le même jour
Charles en adressait une à Mgr (le nom
manque).

> Si dans mes cours je me suis laissé aller à la
> moindre invective personnelle sur M. Marat, qu'il
> le prouve, et je suis prêt à lui faire réparation
> publique. J'ai attaqué ses systèmes et je lui pro-
> mets de le faire encore ; s'il falloit se battre pour
> cela, il faudroit donc armer contre lui l'Europe
> entière... [1]

Ces lignes ont le mérite d'établir nette-
ment les droits de la critique. En résumé,
dans cette affaire, Charles, après un moment de surprise, rentra dans la modération qui lui était naturelle. Quant à Marat,
c'était un malade irrité par d'insupportables
dédains. Il croyait à la justice humaine ;
cette fausse idée le rendit de bonne heure
insociable ; elle le jeta par la suite dans d'hor-
ribles violences. Reconnaissons toutefois

[1] Catalogue Charavay du lundi 10 décembre 1855.

que l'Ami du peuple, en 1792, ne songea point à venger les offenses faites neuf ans auparavant à l'auteur méprisé des *Découvertes sur le feu, l'électricité et la lumière.*

Au 10 août, quand le peuple de Paris envahit le palais des Tuileries, une troupe d'hommes armés pénétra dans le cabinet de Charles. Pensionnaire du roi et membre de l'Académie des Sciences, Charles était logé dans la galerie d'Apollon. C'est là que les patriotes, ivres de leur victoire, le trouvèrent au milieu de ses instruments de physique. Nouvel Archimède, il travaillait paisiblement au bruit de la fusillade et du canon. On dit qu'ayant montré aux envahisseurs la nacelle, ou, pour parler la langue du temps, le char dans lequel il s'était élevé dans les airs, et qu'on voyait suspendu au plafond de la galerie, ces hommes simples, saisis de respect, se retirèrent en silence.

Quand le torrent se fut écoulé, le physicien respira comme un homme sorti de la plus cruelle angoisse : il cachait depuis deux mois, dans son logement du Louvre, un de ses frères, prêtre insermenté (¹).

Il ne fut point inquiété pendant la Terreur, et, lors de la création de l'Institut national, en 1795, il fut admis l'un des premiers dans la section des Sciences.

(¹) FOURNIER, *loc. cit*, p. 6. — Le frère de Charles était curé de la paroisse de Saint-Paterne d'Orléans. (BRAINNE, *loc. cit.*).

Nous avons vu que le professeur Charles, dans l'été de 1804, âgé déjà de cinquante-huit ans, épousa Mlle des Herettes, qui, plus tard, aimée de Lamartine, fut chantée par le poète sous le nom d'Elvire.

Nous avons publié la lettre par laquelle il annonce son mariage à ses amis, M. et Mme de Vindé. Ces Vindé appartenaient à cette grosse bourgeoisie riche, qui, dès la fin de l'ancien régime, tenait tous les offices de judicature et de finance.

Gilbert Morel de Vindé, moins âgé de treize ans que le physicien Charles, était, en 1789, conseiller au parlement de Pa-

ris (¹). C'était un de ces hommes dont on
disait alors qu'ils avaient adopté les prin-
cipes de la Révolution. Il fut appelé en
1790 à présider l'un des six tribunaux de
Paris, celui du quartier des Tuileries. Mais
l'année suivante, après la fuite du roi, il
donna sa démission et se tint éloigné de
tout emploi public. Monarchiste constitu-
tionnel, esprit très modéré, très prudent,
il mit dès lors à se faire oublier l'habileté
qu'il avait précédemment employée à paraître. Il sut se cacher, malgré son immense
fortune, qu'il tenait de son aïeul Paignon-
Dijonval, et se consacra tout entier à l'a-
griculture. Quand le temps se rasséréna,
M. de Vindé reparut et reprit rang dans la
société polie. Ce sage pratiquait excellem-
ment l'art difficile de vivre. Il reste à savoir si la vie vaut qu'on en fasse un art.

(¹) Ch. Gilbert Morel de Vindé, né à Paris le
20 janvier 1759, mort à Paris le 20 décembre 1842.

M. et Mme de Vindé habitaient un beau domaine à la Celle-Saint-Cloud, où ils recevaient leurs amis. M. et Mme Charles étaient souvent priés d'y passer la journée. Mais la santé de Julie ne lui permettait pas toujours de se rendre à ces gracieuses invitations.

Charles écrivait à Mme de Vindé le 2 mars 1806 :

Je n'espère pas, madame, qu'il nous soit possible de nous rendre demain à votre aimable invitation. Julie est aujourd'hui souffrante et ne quitte pas le coin du feu. Si demain elle alloit mieux, elle iroit sûrement vous embrasser. Quant à moi, vous pensés bien que je n'oserai pas me présenter seul chés vous; vous me reprocheriés encore, comme l'autre jour, de délaisser déjà ma femme. Mais au moins je trouverai le moment d'aller vous dire combien nous vous sommes, l'un et l'autre, sincèrement attachés, ainsi qu'à M. de Vindé.

CHARLES.

Par un billet du 4 du même mois, Charles

mande à ses amis que sa *pauvre Julie* est toujours malade. La fièvre qui la dévorait lui donnait une ardeur extraordinaire de dévouement et d'amitié. Les lettres que j'ai sous les yeux la font paraître comme la plus obligeante et la plus serviable des femmes. Nous allons bientôt en voir un exemple. En attendant, nous lirons les compliments de condoléances qu'elle ajouta à une lettre adressée par son mari, le 2 août 1806, aux Vindé frappés par un malheur domestique.

Voici d'abord la lettre de Charles :

Paris, 2 août 1806.

Nous venons d'apprendre, mon cher ami, le malheur et la peine qui vous accablent. Nous aurions été mêler nos regrets avec les vôtres si nous n'avions su que Mme de Vindé, tout entière à sa douleur, ne recevoit personne. Hé! quelle consolation lui porter! Le seul soulagement qui convienne à son désespoir, c'est de s'y livrer sans témoin et sans contrainte. A quoi servent tous les *lieux communs* de morale, de résignation à la nécessité, etc., phrases que le cœur ne comprend pas et auxquelles il ne sait répondre que par des larmes. Le tems et l'abandon même à sa douleur la ramèneront lentement à la simple tristesse dans laquelle elle finira par trouver quelque douceur. Je ne vous parle pas de vous, mon pauvre ami, hélas !

> *Multis illa bonis flebilis occidit.*
> *Nulli flebilior quam tibi* (¹).

Adieu, je vous embrasse et vous plains du fond de mon cœur.

CHARLES.

Condoléances sincères, délicates, pleines de philosophie, et ornées d'une citation latine. Charles était lettré. Nous l'avons vu citer *Tom Jones*. Nous le verrons tout à l'heure citer *Candide;* cette fois, il cite Horace et détourne pour celle que pleurait M. de Vindé ce que le poète dit à Virgile de Quintilius Varus, son ami.

(¹) Horat., od. x., x.

A cette lettre Mme Charles ajouta les lignes que voici. Ce sont les premières en date que j'aie de sa main, et, hâtons-nous de le dire, les moins intéressantes :

Et moi, monsieur. Ah! comme je sens votre douleur si juste et comme je la partage!... Je n'ose pas écrire à Mme de Vindé, mais j'ai besoin de vous dire et qu'elle sache un jour combien je plains son malheur. Qu'il est affreux! Comme elle doit souffrir, et vous, monsieur!

Je vous en prie, quand vous pourrez lui parler de nous, dites-lui que je trouverais de la douceur à pleurer avec elle, que je désire lui aller offrir les plus tendres soins, que je ne me lasserais jamais de sa douleur, que je la partagerais. — Je l'aimais déjà de toute mon âme, à présent elle ne quitte plus mon cœur.

Adieu, monsieur, donnez-nous, je vous en supplie, des nouvelles de Mme de Vindé, des vôtres et dites-moi quand je pourrai porter à tous deux le tribut du plus sincère, du plus tendre attachement.

JULIE CHARLES.

M. de Vindé, qui n'était pas sans ambition, désirait entrer à l'Institut, tout au moins à titre d'associé, et précisément une place d'associé vint à vaquer, en 1808, dans la section d'agriculture. Charles en avertit son ami par une lettre datée du 13 juin; j'en tire quelques lignes qui peuvent nous intéresser.

... Je présume bien que vous allez venir faire quelques visites avant lundi; face d'homme porte vertu...

Ma pauvre Julie, qui vous aime de tout son cœur, veut à toute force que vous soyés de l'Institut et elle me gourmande comme si j'étois à moi seul le corps tout entier. Elle me charge de vous exprimer tous les vœux qu'elle fait pour vous. Sa santé est un peu meilleure depuis qu'elle prend les bains de barèges, et dès qu'elle sera en état nous irons sûrement vous embrasser, vous et Mme de Vindé.

L'élection fut retardée d'une semaine, et cet ajournement dut causer beaucoup d'inquiétude à Mme Charles. Son mari fit part à M. de Vindé, le 20 juin, des mécomptes qu'il redoutait :

La nomination est remise à lundi prochain. Et, par malheur, Texier [1] part demain pour une longue tournée, et moi je suis ce jour-là juri de jugement au palais. Je verrai cependant à m'arranger pour que vous ne perdiés pas mon suffrage, dans le cas où je ne serois pas de retour à tems.

Voici, mon très cher, l'ordre de nomination :

Yvart, Wolstein, Morel de Vindé, Pictet, Bruguoni.

Quatre membres viennent de me promettre leurs voix, j'espère vous en faire avoir quelques autres : peut-être ne ferés-vous pas mal de venir encore attiser le feu. Enfin, à la garde de Dieu, s'il s'en mêle.

Adieu, je vous embrasse ainsi que Mme de Vindé. Autant en fait notre pauvre souffreteuse, qui fait force vœux pour son cher M. de Vindé, qu'elle aime de tout son cœur.

CHARLES.

Quel contretemps ! Tessier en voyage ! Et Charles juré, ou, comme il dit, *juri*.

[1] Il veut dire Tessier, membre de la 9e section : Économie rurale et art vétérinaire.

Je ne sais où il a pris cette façon de
parler. En 1792, on ne disait pas un *juri* ;
on disait un juré, et l'on disait de même
le *juré* pour désigner le corps des jurés.
Charles avait brouillé tout cela dans sa
tête. Mais il n'importe : M. de Vindé fut
nommé membre associé de l'Institut pour
la section d'agriculture. Charles eut le
plaisir d'annoncer par le billet que voici
une nomination à laquelle il avait contribué :

Mon très cher et respectable *confrère*,
J'ai l'honneur de vous présenter mon très
humble respect.
                              CHARLES.

Vous avez eu 32 voix sur 48. Allons, un su-
perbe remerciement en prose et en vers à l'Institut.

M. de Vindé eut été fort capable de
suivre ce conseil et de faire un remercie-

ment en vers. Il était poète, comme tout
le monde alors, et travaillait dans le genre
moral. On vantait un petit ouvrage de sa
façon intitulé : *Étrennes d'un père à ses
enfants ou Collection de quatrains mo-
raux*, que, dans sa jeunesse, M. Leclerc,
le bon doyen, mit en vers latins.

À cette époque, Charles, qui se faisait
vieux, sentit les premières atteintes de la
maladie dont il devait mourir. Il souffrait
de la pierre et l'incommodité de ce mal
devint telle qu'en 1811 il pouvait à peine
sortir de chez lui. S'excusant de ne pouvoir aller chez ses amis les Vindé, il écrivait le 27 juin à son vieil ami et nouveau
confrère :

J'aurois été vous voir si, dans ce moment-cy,
je pouvois me hasarder à rester deux heures en
voiture. « Mais comme vous vous portez, » me
disent ceux qui me regardent à la figure. Je serois tenté de leur répondre, comme la vieille de
Candide : « Vous ne diriez pas cela si... »

Je ne puis transcrire le reste. Le vieux Charles parlait de ses infirmités avec une gaieté courageuse. Il lui échappe ici une saillie dont la liberté, relevée de littérature, est très congrue dans une lettre intime, mais qui semblerait un peu cynique dans un livre. Au reste, on sait ce que répondit la vieille à Cunégonde, qui la trouvait plaisante de prétendre être plus malheureuse qu'elle ('). Après avoir pris à son compte la réplique de la vieille, Charles poursuivit de la sorte avec une bonhomie souriante qui plaît chez un vieillard accablé d'infirmités :

J'ai grand regret qu'il n'y ait pas seulement un pauvre petit ruisseau qui mène de Paris à la Celle ; je me laisserois aller à vau-l'eau comme une grenouille. Que diroit Mme de Vindé si j'allois lui répéter l'apparition d'Ulisse à la princesse Nausica, tout au beau milieu de sa prairie?

(') *Candide, ou l'Optimisme.* Chapitre X. vers la fin.

IV

Au commencement de la Restauration,
M. et Mme Charles recevaient dans leur
appartement de l'Institut une petite société
choisie où se rencontraient surtout des
hommes politiques, des parlementaires.
Quand on publie des lettres, ainsi que je
fais ici, on a toutes sortes de petites curio-
sités. C'est une des plus futiles, peut-être,
que de savoir en quelle partie du palais
Mazarin logeait le ménage Charles. On
souffrira pourtant que je cherche à la satisfaire et l'on excusera cette extrême mi-
nutie comme un des défauts du genre. Les
documents que j'ai sous les yeux nous
apprennent que le logement de Charles,

assez petit, était « adjacent à la coupole ».
Lorsque mourut, en 1816, le peintre Ménageot (¹), le physicien fit des démarches pour
obtenir l'appartement du confrère défunt.

Il écrivait le 5 octobre à M. de Vindé :
« Ce logement du pauvre Ménageot, est
encore plus petit que le mien, mais qu'importe, c'est toujours assez grand pour y
finir sa vie. » Charles était voltairien. Ce
n'est pas à dire pour cela qu'il eut beaucoup goûté la révolution. Il avait été bien
traité par Louis XVI. Il ne bouda pas
Louis XVIII. Mᵐᵉ Charles recevait volontiers dans son salon les royalistes modérés.
Elle était bienveillante et tolérante ; son
amitié ne regardait point aux opinions et,
ne croyant pas en Dieu, elle était fort atta-
chée à M. de Bonald, qui faisait les affaires
de Dieu en ce monde. Il semble que le

(¹) François-Guillaume Ménageot, 1744-1816.

désir de rendre service à ses amis ait beaucoup contribué au zèle qui la portait vers les gens influents. C'était une obstinée solliciteuse, qui ne demandait rien pour elle-même. Ses lettres, qu'il m'était réservé de publier, sont adressées au baron Mounier. Elle l'accable de demandes aussi pressantes que désintéressées, et l'on admire qu'une femme si malade se donne tant de soins.

Il y en a quatorze. La première est du 6 août 1815 et la dernière du 15 septembre 1817, moins de six semaines avant la mort de celle qui l'écrivit. On y retrouve cette main dont Lamartine, qui la connaissait, dit qu'elle était à la fois légère et ferme; mais non pas ce fin papier de Hollande dont la seule vue troublait le cœur de Raphaël (¹). Les lettres au baron Mounier sont

(¹) *Raphaël*, p. 93 et 131.

sur papier à la mécanique, que le temps a
jauni. La tranche est dorée. Quelques-unes
de ces lettres sont scellées d'un cachet de
cire aux initiales J. C. Avant de donner
celles qui sont de nature à intéresser les
curieux, il faut dire en quelques mots ce
qu'était le correspondant de Julie.

Petit-fils de François Mounier, marchand
drapier à Grenoble, et fils de l'illustre Jo-
seph Mounier, avocat au Parlement, député
à la Constituante, Édouard Mounier, en 1815,
à l'âge de trente et un ans, faisait figure
d'un personnage très considéré dans les
bureaux ; on le savait intelligent, laborieux
et modéré. C'était un excellent serviteur
de l'État, auquel il consacrait les forces
d'un esprit moins brillant que solide. Tout
jeune, en 1806, il avait été nommé audi-
teur au Conseil d'État. L'empereur faisait
alors de l'auditoriat une sorte d'école où
se formaient les jeunes gens appelés, par

leur nom ou leur fortune, à occuper plus
tard de hautes fonctions publiques. Pendant la campagne de Prusse, Mounier fut
nommé intendant du duché de Weimar,
puis administrateur adjoint de la Silésie
et, enfin, intendant de Glogau. En 1808,
Napoléon l'attacha à son cabinet en qualité de traducteur des gazettes étrangères,
aux appointements de 50,000 francs par an.
Ces fonctions le rapprochaient quotidien-
nement de l'empereur, qu'il suivit dans les
campagnes de 1809, de 1812 et de 1813.
Il fut six ans sous une pluie de faveurs,
devint maître des requêtes, baron de l'empire, officier de la Légion d'honneur, fut
doté d'un domaine en Poméranie, obtint
une des plus grosses places de la liste ci-
vile, celle d'intendant des bâtiments de la
couronne, reçut en don gracieux une action
de 15,000 francs du *Journal de l'Empire*,
alors propriété de l'État, que sais-je en-

core? Néanmoins, M. de Barante nous assure qu'en 1814 le baron Mounier « accueillit avec une profonde satisfaction » le gouvernement des Bourbons (¹). Et il faut l'en croire, car il était l'ami du baron Mounier, qui consentit en effet à garder, sur l'invitation de Louis XVIII, tout ce qu'il tenait de Napoléon.

« Lorsque, l'année suivante, dit M. de Barante, Napoléon revint de l'île d'Elbe, Mounier n'avait pas à craindre une persécution dont il ne pouvait être particulièrement menacé; il se décida toutefois à quitter la France; il pensait que l'empereur voudrait le rattacher à son service et qu'il valait mieux témoigner, en s'éloignant, sa résolution de ne point se replacer sous un maître dont le retour lui semblait funeste à la France. Il se retira à Weimar, certain d'y trouver d'honorables souvenirs (son père y avait vécu) et une bienveillante hospitalité. Mais bientôt il fut appelé à Gand auprès du roi (²). »

(¹) *Etudes historiques et biographiques*, par le baron de BARANTE, 1858. 2 vol. in-18, p. 410.
(²) BARANTE, *loc. cit.*, p. 411.

A la seconde Restauration, il reprit l'intendance des bâtiments et fut conseiller d'État (¹). C'est à l'Intendance générale des bâtiments du Roi, place Vendôme, que Mme Charles lui adressa, le 6 août 1815, le billet suivant.

J'aurais besoin, monsieur, d'un renseignement que je voudrais tenir de votre aimable obligeance.

(¹) Conseiller d'État en 1816, président de la Commission mixte de liquidation en 1817, directeur général de l'administration départementale et de la police en 1818, Ed. Mounier perdit ces fonctions à la chute du ministère Richelieu.

Il fut nommé pair de France le 5 mars 1819, reprit ses fonctions d'intendant des bâtiments de la Couronne et rentra au Conseil d'État sous le ministère Martignac.

Il abandonna ses fonctions salariées à la révolution de Juillet, prêta serment au gouvernement de Louis-Philippe et continua de siéger à la Chambre des pairs. Il remplit à Londres une courte mission en 1840. Il mourut à Passy le 11 mai 1843. A la nouvelle de sa mort, la Chambre des pairs ordonna à l'unanimité que son buste serait placé dans la salle de ses séances. (ROCHAS, *Biographie du Dauphiné*. — BOURLOTON, *Dictionnaire des Parlementaires*).

Si vous étiez libre demain, à onze heures, j'aurais un grand plaisir à vous offrir une tasse de thé. J'ai l'honneur de vous prier d'agréer les sentiments distingués que vous inspirez à tous les titres et la reconnaissance que j'aimerai à vous devoir.

J. DE DES HERETTES-CHARLES.

Dimanche soir, 6 juillet.

Au mois d'août de cette même année 1815, quand, en vertu de la Charte, on procéda aux élections législatives, plusieurs membres du collège électoral de Grenoble portèrent comme candidat à la députation le fils du célèbre avocat que le tiers-état dauphinois, vingt-six ans auparavant, avait envoyé à la Constituante. Mais le baron Mounier ne fut pas élu. En apprenant cet échec, Mme Charles lui adressa une lettre où elle annonce la fin de la France, puisque son ami n'entre pas à la Chambre. Elle avait de ces élans de cœur.

Mon Dieu, à quoi servent donc le mérite et la vertu, si c'est la sottise et les vices des hommes vulgaires qui règlent tout dans le monde ? Quoi ! vous ne seriez pas élu ? C'est à vous qu'on préfère des gens sans nom, sans talent, sans énergie ! On trouve que vous n'avez pas fait assez pour le roi en abandonnant pour le suivre votre patrie, votre femme, vos enfants, votre fortune ! Ah ! il faudrait fuir au fond des déserts. On y oublierait cette malheureuse France qui va devenir encore une fois la proie des partis et de toutes les passions viles ou insensées. Il n'y a plus d'espérance à conserver quand l'esprit de vertige tient lieu de tout, et qu'on signale comme un danger la noblesse et la force d'un caractère pur.

Mon ami, permettez-moi ce titre que dans mon cœur je vous donne si souvent, je suis navrée de tristesse. Je ressens ce *désappointement* d'une manière si pénétrante que je m'en étonnerais si je ne me sentais pas identifiée avec votre existence. Recevez mes larmes, mes regrets, ma vive et sensible affection. C'est surtout dans la douleur que j'en éprouve toute la puissance.

Lundi soir.

Cette affectueuse dame ne semble pas,

dans cette lettre, avoir démêlé le véritable
caractère et reconnu les réels mérites du
baron Mounier. On avait encore à cette
époque le goût romain. Elle met du Plu-
tarque dans ses louanges et fait de Mounier
un antique. Ce n'était pas tout à fait cela. Il
n'était pas redouté précisément pour la
force d'un caractère inflexible, et les royalistes ne pouvaient, quoi qu'en dise cette
ardente amie, le tenir pour un exemple de
dévouement et de fidélité. Il convenait
mieux de le louer de sa modération, de son
bon sens et de son aptitude au travail.
Mais Mme Charles, sans prévoir ni redouter
les folies de la Chambre introuvable, annonce, en 1815, que la France va « devenir encore une fois la proie des partis et
de toutes les passions viles ou insensées ».
Et il faut lui tenir compte de cette sagesse
prophétique. Au reste, elle ne semble pas,
d'après la correspondance que j'ai sous les

yeux, s'être mêlée de politique ; on l'y voit occupée seulement d'amitié. Elle ne tarda pas à ressentir pour M. Mounier, pour Mme Mounier, qui s'appelait Wilhelmine, et pour leurs deux petites filles, Adrienne et Augustine, une sympathie qui, chez cette malade, s'enfiévra quelque peu par la suite. Sa santé déclinait. Au printemps de 1816, soit pour ne négliger aucune chance de salut, soit plutôt par un penchant naturel à la faculté d'éloigner les mourants, les médecins lui conseillèrent les bains d'Aix, en Savoie. Elle se rendit à leur avis et se prépara au voyage qui était long en ce temps-là. Son mari, accablé par l'âge et la maladie, ne pouvait songer à l'accompagner. Il fut convenu qu'elle partirait seule pour ces montagnes et ce lac où elle devait trouver, non pas la guérison, mais l'immortalité. Plusieurs fois différé, son départ fut enfin fixé au 30 juin

1816. Avant de quitter Paris, elle écrivit
au baron Mounier :

Je ne pars que jeudi, monsieur, et j'en suis bien
soulagée, puisque cela m'assure que je vous verrai avant. Je ne me faisais pas à l'idée de m'en
aller sans vous avoir dit adieu autrement qu'à un
autre. Quelques heures passées avec vous me
sont nécessaires.

Je serai chez moi ce matin et j'espère que je
n'y aurai pas ces visites d'indifférens qui em-
pêchent de jouir de celles des amis. Vous me
direz quand je pourrai demain me réunir à
Mme Mounier. Il faut aussi que je la voye pour
satisfaire mon cœur attristé et souffrant des sé-
parations qu'il me faut subir.

Ne m'oubliez pas tout à fait, monsieur, dans ce
voyage qu'à présent je ne voudrais plus faire. Si
je ne retrouvais pas un ami tel que vous, je ne
m'en consolerais jamais.

JULIE.

Lundi, 24 juin 1816.

Depuis six semaines ou deux mois, elle
languissait, seule et souffrante, dans la
montagne, quand elle y rencontra un

jeune homme de vingt-six ans, gentil-
homme campagnard, ayant déjà pris l'air
de Paris, ayant chevauché comme garde
du corps aux portières de la voiture du
Roi, très beau, de grande mine, d'une
éloquence magnifique, avec un charme
d'abandon et de langueur. C'était Alphonse
de Lamartine. Il venait soigner à Aix un
engorgement de foie et des palpitations de
cœur. La beauté de la jeune femme lui fit
une impression subite et profonde. Ce serait le moment de peindre Mme Charles.
Mais on n'a, que je sache, aucun portrait
d'elle. Et nous sommes forcés de nous faire
une idée de ce qu'elle était alors par
l'image que Lamartine lui-même en a tracée dans sa manière idéaliste et vague.
On voit, d'après lui, qu'elle était grande,
brune, pâle de la pâleur créole, qu'elle
avait des yeux couleur de mer claire sous
des cils noirs, le front petit et le nez droit

des statues antiques, les lèvres minces, des
dents de nacre et l'ovale du visage aminci
par la souffrance (¹). Elle était plus âgée que
lui de quelques années, et cette beauté, à
son déclin, lui semblait plus touchante. Il
était dans cet état que montre admira-
blement saint Augustin quand il dit :
« J'aimais à aimer. » Comme René, il
désirait les orages. Il avait la curiosité des
joies et des douleurs. Moins de deux ans
auparavant, il avait confié à son ami de
Virieu le vague de son âme :

Je sens, lui avait-il dit, mon cœur aussi plein
de sentiments délicieux et tristes que dans les
premiers accès de fièvre de ma jeunesse. Je ne
sais quelles idées vagues et sublimes et infinies
me passent au travers de la tête à chaque instant ;
le soir surtout, quand je suis, comme à présent,
enfermé dans ma cellule et que je n'entends
d'autres bruits que la pluie et les vents. Oui, je
le crois, si, pour mon malheur, je trouvais une

(¹) *Raphaël*, p. 22-24.

de ces figures de femme que je rêvais autrefois,
je l'aimerais autant que nos cœurs auraient pu
aimer, autant que l'homme sur la terre aima
jamais. Mon cœur bondit dans ma poitrine, je le
sens, je l'entends... (¹).

Cette figure de rêve, cette apparition
vague, Mme Charles, avec ses bandeaux
noirs et ses beaux yeux battus, la réalisa.

En la voyant pour la première fois, le
jeune Lamartine la reconnut et l'aima.
Mais qu'il l'ait aimée « autant que l'homme
sur la terre aima jamais », c'est ce dont
on peut douter ; il était capable, sans doute,
d'effusions religieuses, d'emportements ly-
riques, d'amoureuses ardeurs, si vous voulez ; mais il avait sa part de cet égoïsme
qui est une des vertus de l'homme de
génie. Ces amants sonores, ces mélan-
coliques éloquents, ces René et ces Ra-

(¹) *Correspondance de Lamartine*, publiée par
Mme VALENTINE DE LAMARTINE. Paris, 1863. In-8°,
tome II, p. 58.

phaël se regardaient aimer, s'écoutaient
gémir et ne prenaient de trouble et de douleur que ce qu'il en fallait pour agiter mé-
lodieusement leurs phrases. Sans doute,
Lamartine aima Julie. Mais elle fut surtout pour lui un motif lyrique dont il tira
des effets merveilleux.

Nous n'avons pas à chercher ici quels
liens les unirent, jusqu'où ils poussèrent
l'abandon du cœur et des sens, et s'ils gar-
dèrent jusqu'à la fin, sur le lac du Bourget
et sous les arbres de Meudon cette chas-
teté lascive uniformément répandue dans
toutes les scènes de *Raphaël*. Ce roman,
où le poète ne se cache que pour s'admirer
plus à l'aise, n'est point un témoignage
qui s'impose. On n'y entend guère l'accent
de la nature et il serait très hasardeux de
tenter d'y démêler le vrai du faux. Lamartine composa cet ouvrage vingt ans après
l'année où il avait aimé. Parvenu alors au

midi lumineux de sa vie, il avait contracté des habitudes d'éloquence, et son génie abondant jeta beaucoup d'eau tiède sur des cendres refroidies. La *Correspondance* qui a été publiée donne au contraire, pour les années 1816 et 1817, des indications sûres, mais trop incomplètes. C'est encore dans les *Méditations* qu'il faut chercher l'empreinte toute chaude de l'amour. C'est le *Lac*, l'*Immortalité*, le *Temple*, le *Crucifix*, qui peuvent nous révéler le mieux les joies et les douleurs dont ces poèmes sont le retentissement harmonieux et vague.

Encore ne faudrait-il pas trop épiloguer. Une première version du *Lac*, retrouvée dans les papiers du poète, et publiée par les soins pieux de sa nièce, Mme de Cessiat, a paru à quelques-uns très significative. On y lit ces *délices sublimes*, au lieu de ces *extases sublimes*. « *Extases*, nous

dit-on, s'accordait avec une entière pureté
de sentiments; mais *délices* nous prouve
que Julie n'avait rien refusé à son com-
pagnon de barque. *Délices* est une révé-
lation. » C'est peut-être donner trop de
précision à la langue poétique de M. de
Lamartine. De plus, on ne remarque pas
qu'il y avait *délices, délices rapides* une
vingtaine de vers plus haut, dans toutes
les éditions; cela se chantait durant la jeunesse de nos mères :

O temps, suspend ton vol ! et vous, heures pro-
[pices,
Suspendez votre cours !
Laissez-nous savourer les rapides délices
Des plus beaux de nos jours.

Je ne vois pas bien comment *délices su-*
blimes serait plus compromettant pour
Mme Charles que *délices rapides*. Ce devrait
être plutôt le contraire, car enfin on peut
se figurer des délices rapides et l'on ne sait

pas précisément ce que c'est que des délices sublimes.

Quant au sentiment général du poème, on ne peut s'y tromper; c'est celui d'un amour entier, d'un abandon sans réserves. Le *Lac* est le plus voluptueux des chants funèbres. Tout y est avoué. Dans *Raphaël*, l'amant retira expressément les aveux du *Lac*.

Le mystère subsiste. Peut-être sera-t-il dévoilé un jour. Peut-être les lettres de Julie à M. de Lamartine existent-elles encore. Le poëte, parlant sous le nom de Raphaël, dit qu'il les a détruites.

Je les ai retrouvées toutes, ces lettres. Je l'ai feuilletée page à page, cette correspondance, classée et reliée soigneusement, après la mort, par la main d'une pieuse amitié ; une lettre répondant à l'autre, depuis le premier billet jusqu'au dernier mot écrit d'une main saisie déjà par la mort, mais que l'amour affermissait encore. Je les ai relues et je les ai brûlées en pleurant, en m'enfermant

comme pour un crime, en disputant vingt fois à
la flamme la page à demi-consumée pour la re-
lire encore !... — Pourquoi ? me dis-tu. — Je les
ai brûlées parce que la cendre même en eût été
trop chaude pour la terre, et je l'ai jetée aux vents
du ciel ! (¹).

Ce motif ne satisfait pas une sévère raison; à vrai dire, il est à peu près inintelli-
gible. On ne conçoit pas, si ces lettres
étaient innocentes, que Raphaël ait détruit
les monuments de la vertu de Julie. Mais
il se peut qu'il ait dit là ce qu'il avait des-
sein de faire et non ce qu'il fit réellement.
Il se peut que, chastes ou passionnées,
brûlantes d'un feu pur ou profane, les lettres
de Julie subsistent encore et que le cahier
relié soit gardé quelque part. Très souvent
des lettres d'amour se retrouvent, qu'on
croyait perdues. Il en coûte d'anéantir ces
restes fragiles et durables, ces témoins des

(¹) *Raphaël*, p. 137.

heures envolées, cet entretien des chères
douleurs. Nous sommes tous ainsi : les re-
liques nous sont sacrées. Quelle est donc
cette belle pénitente du dix-septième siècle
qui, pour sauver son âme, quitta son amant
et le monde, et puis se révolta contre son
directeur spirituel, qui exigeait d'elle encore le sacrifice d'un portrait ? Le souvenir
du bonheur nous est plus précieux que le
bonheur même, sans doute parce que le
présent nous échappe et que nous ne vivons
vraiment que dans le passé. Si l'on en croit
M. Alexandre, le plus sincère et le plus vrai
des hommes, les lettres de Julie ont été
trouvées à Saint-Point, dans le cabinet du
poëte, au fond d'un tiroir secret où il les
avait cachées avec le manuscrit de sa mère.
A ce sujet, nous ne pouvons que dire avec
M. Félix Reyssié : « Ce n'est pas à nous
de soulever le voile qu'a voulu étendre Lamartine sur cette correspondance. C'est à

Mme Valentine de Lamartine seule de le
faire (¹). » Si le cahier relié des lettres sur
fin papier de Hollande existe, il sera publié
un jour.

(¹) *La Jeunesse de Lamartine.* In-18, p. 198. Paris,
1892.

V

Mᵐᵉ Charles parla à Lamartine de M. de
Bonald, dont elle était l'amie et qui venait
aux thés de l'Institut. Le jeune poète fit
une ode au grand écrivain catholique.
Comme les comparaisons sont essentielles
à la poésie lyrique, il compara M. de Bonald au chêne contre lequel écume le torrent et à Moïse gravant sur le Sinaï les
Tables de la Loi. Il a pris soin, plus tard,
de nous avertir que son inspiration « n'était
pas la politique, mais l'amour ». « Peu im-
portait, dit-il, que M. de Bonald connût ou
non ces vers : ma récompense était dans
le sourire que j'obtiendrais le lendemain de

mon idole (¹). » Il lui lut son ode. Il crut voir qu'elle était étonnée et pleine d'admiration, bien qu'elle n'aimât pas beaucoup les vers, et encore moins la philosophie théologique. Nourrie dans la science du XVIIIᵉ siècle, elle n'avait aucun sentiment romantique et religieux, et le spiritualisme de son nouvel ami lui semblait une grande rêverie. Mais elle s'empressa d'envoyer l'ode à M. de Bonald, désireuse sans doute de ménager à un jeune inconnu, sans fortune et sans état, la protection d'un homme illustre.

Je ne rappellerai ici aucune autre circonstance du mémorable séjour d'Aix. Nous n'avons sur cette époque d'autre source que *Raphaël*, où la vérité et la fiction coulent trop mêlées. Au mois de septembre 1816, Julie, de retour à Paris, écrivait au baron Mounier la lettre que voici :

(¹) *Méditations.* — Commentaires du *Génie.*

Ne vous lassez pas, monsieur, de voir de mon écriture. Ma pauvre tête est si faible que les idées dans lesquelles mon cœur n'est pour rien sont fugitives comme l'ombre et ne laissent pas plus de traces qu'elle. Je ne me rappelle pas ce que vous avez bien voulu me dire relativement au général Dijesa. Faut-il encore une fois copier la demande de mon neveu, y joindre la lettre de M. de Vaudreuil (¹) et la lui renvoyer directement? Ou bien auriez-vous un moyen pour qu'elle lui fût remise de manière à ce qu'il la remarquât et qu'on pût avoir une réponse? Ce serait un vrai service. Je n'espère aucun succès de nos tentatives; mais rien ne m'étant plus insupportable que l'incertitude, je serais bien aise d'en sortir. Si l'influence des Princes est telle qu'on la dit, ne ferais-je pas bien de tâcher de faire apostiller le mémoire de Loménie par Monsieur? Je crois que M. de Vaudreuil ne se refuserait pas à le lui demander et vous savez peut-être qu'il est très aimé de ce bon Prince. Ce qui décourage, c'est la prestesse qu'il faut mettre à toutes ces démarches avec la presque certitude d'arriver tou-

(¹) J.-H. François de Paule de Rigaud, comte de Vaudreuil, né à Saint-Domingue, le 2 mars 1741; pair de France, le 4 juin 1814, et lieutenant-général en septembre suivant. — Il avait été, sous l'ancien régime, gouverneur des îles françaises Sous-le-Vent.

jours trop tard. Veuillez une dernière fois me
donner votre avis.

Puisque je vous écris, laissez-moi, monsieur,
vous parler de votre charmante femme. Oh! non,
ce n'est pas le désir de dire une chose agréable
qui me fait parler de l'impression qu'elle a faite
sur moi. Comment n'être pas touchée de ses
grâces, émue par le son de sa voix et pénétrée
de son doux accueil? Quand elle m'a dit, avec ce
sourire d'une mère adorable, qu'elle avait eu
l'envie de m'envoyer son enfant le matin, je ne
puis vous dire ce qui s'est passé en moi. Mon
cœur s'est gonflé et j'aurais eu le besoin de lui
dire avec des larmes que j'étais indigne de tant
de bontés, mais que, si elle me permettait de con-
tinuer avec elle des rapports auxquels je tiens à
présent comme à ceux que j'ai avec vous, je les
mériterais un jour. La crainte de paraître exa-
gérée ou sensible hors de propos fait retenir
comme cela beaucoup de mouvements qu'au fond
je crois bons, mais auxquels on ne peut se laisser
aller qu'avec d'anciens amis. Comprenez celui-là,
monsieur, et qu'il vous fasse perdre le souvenir
de tous les autres.

Cette lettre est écrite à une date déci-
sive de la vie de Julie, qui vient de laisser
à Aix M. de Lamartine. Sa santé n'est pas

meilleure ; elle est toujours occupée à sol-
liciter pour des proches, pour les gens qui
l'entourent ; elle met toujours dans l'amitié
une exaltation étrange. Elle n'a pas changé.
La lettre suivante nous intéressera davantage. Mme Charles l'écrivit à une date
que l'on ne saurait fixer précisément, mais
qu'il faut renfermer entre les mois de janvier et d'avril 1817. Alphonse de Lamartine était alors à Paris depuis la fin de
décembre 1816, et elle le voyait tous les
jours.

C'est à grand'peine que le jeune poète
avait pu faire ce voyage. Ses parents
étaient alors dans une gêne étroite. Pour
obtenir le peu d'argent qui lui était néces-
saire, il lui avait fallu recourir à la ruse.
Il avait prié son ami de Virieu de l'appeler
à Paris.

Écris-moi, lui avait-il dit, dans ta première

lettre, que tu m'engages à venir à Paris, que tu
pourras peut-être m'être utile, m'aider à me ca-
ser dans quelque bonne sous-préfecture, cela en-
gera beaucoup mon père à me donner les moyens
d'y aller en effet (¹).

M. de Virieu fit ce qu'on lui demandait,
et l'artifice réussit. La bonne mère s'imposa
tous les sacrifices pour que son fils ne man-
quât pas cette occasion d'entrer dans la
diplomatie. Elle vendit une charmille, et l'a-
moureux partit à la fin de décembre. M. de
Virieu lui donna l'une des deux cham-
bres qu'il habitait dans l'ancien hôtel de
Richelieu, rue Neuve-Saint-Augustin.
Mme Charles présenta à son mari le jeune
ami d'Aix. Lamartine vit le vieux physicien. Il le vit avec ces yeux qui adou-
cissaient et vaporisaient tout, et il en fit
plus tard, dans *Raphaël*, un portrait qui
pèche par un excès d'abondance et de

(¹) *Correspondance*, t. II, p. 97.

suavité. Je le réduis ici aux traits essentiels.

Les traits de cet homme illustre, dit le pseudo-Raphaël, étaient réguliers comme ces lignes pures des profils antiques que le temps décharne un peu sans les altérer. Ses yeux bleus avaient le regard adouci mais pénétrant d'une vue usée qui regarde à travers une brume légère. Sa bouche était fine... enjouée... Ses cheveux, éméchés par l'étude et par l'âge, avaient la souplesse et les inflexions d'un duvet de cygne. Ses mains étaient effilées et blanches... ([1]).

Au risque d'interrompre la suite d'une correspondance qui maintenant touche à sa fin, nous rechercherons si l'on peut saisir plus exactement que n'a fait Lamartine l'aspect de cet aimable homme que quelques lettres retrouvées nous ont fait connaître et aimer.

La ville de Cluny garde dans son musée un portrait au pastel du physicien Charles;

([1]) *Raphaël*, p. 164, 165.

c'est un ouvrage de Pasquier, membre de l'Académie royale de peinture. Ce portrait vient du frère de Charles qui était, en son vivant, curé de Saint-Paterne, à Orléans. Je ne l'ai pas vu. Mais M. Félix Reyssié nous apprend, dans son livre sur la jeunesse de Lamartine, que le vieux savant y ressemble assez à l'image que M. de Lamartine a vaguement tracée dans *Raphaël* : « La physionomie, dit M. Reyssié, est fine, intelligente : les yeux sont bleus, riants, expressifs ; le front est haut ; les cheveux blancs, rares sur le sommet de la tête, s'envolent en ailes de pigeon sur les tempes. Les lèvres sont minces, bien découpées, spirituelles, prêtes à décocher le trait. Vêtu d'un habit de soie de couleur grisâtre, il tient à la main droite un jonc à boule d'ivoire (¹). » Cela donne une idée très agréable de

(¹) *La Jeunesse de Lamartine*, p. 190 et 191.

M. Charles. Il faut croire que c'était un vieillard d'une physionomie avenante et belle. Son buste, mis après sa mort dans la mairie de Beaugency, sa ville natale, « est, m'écrit M. Jules Lemaître, le buste d'un très joli homme, cheveux bouclés, front noble, nez droit un peu long, visage aminci par le bas, une expression de finesse et de douceur ». Le buste qu'on voit à la bibliothèque de l'Institut et quelques bons portraits de peu de temps postérieurs à l'ascension qui le rendit célèbre, donnent plutôt l'idée d'une belle figure et d'un esprit satisfait, assuré, content de soi et des autres.

Une lithographie de J. Boilly, datée de 1820, nous donne à souhait le bonhomme Charles, tel qu'on se le figure écrivant à M. Morel Vindé ce que disait la vieille à Candide et à mademoiselle Cunégonde. On conçoit que chacun répétait en le voyant : « Vous avez bon visage. » La face s'est épaissie, les joues sont tombées, le menton est lourd. Le nez, très large à la racine, est gros et busqué. La bouche reste fine et le regard beau. C'était un aimable vieillard. Il ne porte plus la catogan. Les cheveux abondants et sombres, taillés à la Titus, retombent sur le front dans un si beau désordre qu'on craint que ce ne soit le chef-d'œuvre d'un artiste en perruques. Rien dans ce visage très plaisant qui rappelle le fantôme pensant qu'a vu, ou cru voir, l'amant d'Elvire ; rien qui fasse songer, comme l'octogénaire de *Raphaël*, aux vieillards troyens, n'ayant ni chair ni sang et semblables aux cigales (¹).

(¹) Voici la description des portraits de Charles que j'ai eus sous les yeux :

1. — Profil tourné à droite. Médaillon élevé dans les airs par des cordes. Au fond, un ballon entrevu à travers les nuées. Au-dessus, un aigle tenant

M. Jules Lemaître possède à Tavers,

entre ses serres un fanion portant cette légende :

CHARLES AUX THUILLERIES
LE 1ᵉʳ DÉCEMBRE M.DCCLXXXIII.

Au-dessus :

Jusqu'alors sans égal,
Le Monarque des airs y suivit son rival,

Au-dessous :

Gravé par S.-C. Miger, graveur du roi. — A Pa-
ris, chez Miger, la grande Maison neuve. Place de
l'Estrapade.

2. — Portrait satyrique.
Profil tourné à droite.

Médaillon avec exergue : CHARLES P. DE PHY-
SIQUE. Au-dessous du médaillon, un cartouche
représentant une foule d'hommes s'efforçant de tirer
Charles du char de son aérostat, avec cette légende :

Moi, premier M. Charles.

Au-dessous :

Charles par un prodige a terrassé l'envie,
Par l'éloquence, le génie
Le savoir, l'intrépidité,
Il assure ses droits à l'immortalité.

Se vend à Paris chez Frieze, graveur, rue de
Harlay, maison de M. Berthoud.

Ce profil tourne à la caricature par l'effet du front

près Beaugency, la maison où le phy-

trop fuyant, du nez énorme et busqué, de la bouche
entr'ouverte.

3. — Le même retourné.
  Profil tourné à gauche.

4. — Profil tourné à droite, dans un médaillon
surmonté d'un nœud Louis XVI.
  Un cartouche placé au-dessous du médaillon porte :

CHARLES AUX THUILLERIES
le 1ᵉʳ décembre 1783.

Légende :

Jusqu'alors sans égal,
Le Monarque des airs
Y suivit son rival.

A Paris, chez Esnauts et Rapilly, rue Saint-Jacques, à la Ville de Coutances.

Nota. — Quelques exemplaires de ce portrait, sans nom
d'éditeur ni légende, portent dans le cartouche, où figurait
le nom de Charles, celui du marquis de Villette.

5. — Profil tourné à gauche. Les accessoires du
n° 1 sont reproduits sur cette gravure et retournés.
Mais le profil semble procéder du n° 4. Le visage
est moins gras, moins court que dans 1, 2 et 3.

Légende :
Charles aux Tuileries le 1ᵉʳ décembre 1783.

Signature : *P.-J. Tavenard, sculp.*

sicien se retira pendant la Terreur et
dans laquelle il revint, jusque dans les
premières années de la Restauration, tant
que le mal dont il était atteint, la pierre,
lui permit d'aller en voiture. On l'appelle
encore la maison Charles. Dans un de ces
exquis *Billets du matin* envoyés au *Temps*
en 1889, notre confrère décrivait cette
maison. « Elle n'est pas belle, disait-il; ce
n'est qu'une grande maison de paysans.
Mais il y a au premier une chambre assez
vaste, avec une large fenêtre, d'où l'on
voit de beaux prés et, à l'horizon, de
l'autre côté de la Loire, la ligne bleuâtre
des bois de Sologne (¹). » M. Lemaître, qui
est en ce moment même à Tavers, m'écrit,
de la chambre de Charles, qu'il y a encore
dans le pays deux vieux vignerons qui se
souviennent de l'avoir vu. « C'était un fort

(¹) Voir l'Appendice, VI.

brave homme, pas fier, et qui causait volontiers avec les habitants. On retrouve
plusieurs fois son nom dans les registres
de l'état civil du temps de la Révolution,
au bas d'actes de naissance ou de mariage.»
Ou je me trompe bien, ou les lettres que
j'ai publiées confirment cette impression
et laissent deviner un brave homme, à
la fois ingénu et fin, très simple, très
affectueux, et ayant su garder, à travers les maux de la vie, une gaieté courageuse et charmante pour orner sa vieil-
lesse.

Julie recevait tous les soirs les amis de
son mari dans sa chambre ou dans son
salon. C'était, pour l'ordinaire, Suard,
Lally-Tollendal, Lainé, Rayneval, M. de
Bonald et le baron Mounier, à qui elle
adressa la lettre suivante, entre plusieurs
autres, pendant le séjour de Lamartine à
Paris :

Ne vous lassez-vous pas, monsieur, d'avoir
assez de bonté pour permettre que tout ce qui se
plaint s'adresse à vous? Voilà que moi aussi je
suis du nombre des importuns : mais comment
refuser à M. de Saint-Morys de mettre une enveloppe à sa lettre? Vous lui serez utile si vous le
pouvez, j'en suis bien sûre; car vous n'êtes pas
du nombre de ceux qui ne connaissent que la
haine entre les partis. Vous tendez la main à
tout le monde : aussi comme on vous distingue,
et combien vous êtes béni !

J'ai dit à M. de Lamartine votre bienveillance
pour lui. Il en est fort touché et s'il n'a pas été
vous remercier encore, c'est que sûrement il est
malade. Je voudrais bien que nous parvinssions
à faire quelque chose qui fût agréable à cet intéressant jeune homme et à sa famille. J'aimerais à leur rendre un peu du bien qu'ils m'ont
fait.

Je suis encore trop souffrante pour aller trouver votre aimable femme. Dites-lui que c'est la
privation que je sens le plus. Votre amitié à
tous deux m'est plus chère que jamais, et je ne
puis seulement pas aller vous dire que je la sens
et que je l'aime de toutes les facultés que de
longues douleurs m'ont laissées.

JULIE.

Samedi soir 8.

6

De vos nouvelles, je vous en prie. J’embrasse
tendrement mon amie Adrienne.

Nous savions déjà par les confidences
de pseudo-Raphaël, que Mme Charles avait
recommandé obligeamment son jeune ami
au baron Mounier. Lamartine nous apprend, en effet, qu’il fit, à cette époque,
un mémoire sur le rôle de la noblesse dans
une démocratie. « Julie, ajoute-t-il, à qui
j’avais prêté ce manuscrit pour la mettre
de moitié dans mes travaux comme dans
ma vie, l’avait fait lire à un homme dis-
tingué de sa société intime, pour le jugement duquel elle avait une extrême défé-
rence. C’était M. M... (Mounier), digne
fils de l’illustre membre de l’Assemblée
constituante, longtemps secrétaire parti-
culier de l’empereur, alors royaliste cons-
titutionnel : un de ces esprits qui n’ont
point de jeunesse, qui naissent mûrs et qui

meurent jeunes en laissant un grand vide
dans leur temps (¹). »

La lettre précédente donne aux choses
leur véritable physionomie. L'obligeante
Julie pousse dans le monde un jeune
homme qui l'intéresse. Elle lui fait des
relations. D'abord M. de Bonald, puis
M. Mounier. Celui-ci ne fut pas inutile à
Lamartine, qu'il présenta à M. Rayneval,
chef de la chancellerie au ministère des
affaires étrangères. Il se trouvait donc que
M. de Virieu n'avait pas trompé Mme de
Lamartine autant qu'il aurait pu craindre.
On se coulait dans la diplomatie. Vous
avez remarqué sans doute que Mme Charles
parle comme si elle était connue des parents d'Alphonse de Lamartine, et comme
si elle avait reçu d'eux quelques bons
offices. « J'aimerais, dit-elle, à leur rendre

(¹) *Raphaël*, p. 156.

un peu du bien qu'ils m'ont fait. » Il ne subsiste, ni dans le *Journal d'une mère*, ni dans la *Correspondance* publiée, aucune trace de relation entre Mme Charles et la famille de Lamartine. La mère du poéte ignora toujours les sentiments de son fils pour Julie, et, si elle soupçonna une femme dans les mélancolies du jeune homme, ses soupçons ne se précisèrent point. Mais ce n'est point une raison pour accuser Mme Charles d'avoir eu recours devant le baron Mounier à un petit artifice de langage.

Les perpétuelles demandes de services où s'emploie cette dame nous mettent à chaque instant sous les yeux des noms nouveaux. Celui de M. de Saint-Morys n'est pas tout à fait inconnu. Le comte de Saint-Morys, ancien émigré, était alors lieutenant des gardes du corps. C'était un royaliste voltairien et un homme d'esprit.

Il fut tué en duel à Paris, le 21 juillet de cette même année 1817.

Pseudo-Raphaël parle beaucoup des promenades que, durant son séjour à Paris, il faisait seul à pied avec Mme Charles dans les bois de Fleury et de Meudon. « Le vieillard, dit-il, encouragea ces courses dans les belles forêts autour de Paris (¹). » Ils s'asseyaient sous les arbres, et l'on nous dit même que, sous un de ces arbres, Julie, athée jusque-là, crut subitement en Dieu. Mais nous voyons que Mme Charles était bien malade pour courir les bois l'hiver et, comme nous savons d'ailleurs qu'en mai Lamartine avait déjà quitté Paris, il reste peu de temps pour ces courses amoureuses.

Lamartine alla à Moulins, puis à Mâcon. Ils ne devaient plus se revoir.

(¹) *Raphaël*, p. 186.

En juin 1817, Mme Charles écrivait au baron Mounier :

. . . .

Je ne puis assez vous dire le plaisir que vous me faites en me procurant le moyen d'être utile à cet estimable M. Trouvé. Si vous le connaissiez, vous sauriez quels torts on a envers lui. J'insiste pour que vous ne présentiez pas son nom à M. de C... Je suis sûre qu'il me saurait très mauvais gré de lui faire ce qu'il appellerait une bassesse. Il ne faut pas gâter une vie pure pour un misérable intérêt. Mieux vaut cent fois une souscription de moins.

Je vous envoie le *Moniteur de Gand*. Je vous le réserve depuis que je sais que vous ne l'avez pas. Mais j'en ai inutilement fait chercher un numéro qui me manque et que j'attendais pour les faire relier et vous les présenter ayant au moins une enveloppe.

J'espère qu'il vous sera plus facile qu'à moi de le compléter et tel qu'il est il trouvera toujours sa place dans quelque coin autour de vous. Pour moi, j'aime à vous l'offrir et j'aime à mettre sous vos yeux quelque chose qui vous parle de mon amitié. Vous n'aurez jamais de souvenir d'un sentiment plus vrai et plus solide.

A minuit, jeudi.

Elle avait la maladie des recommandations. Ce baron Trouvé n'était pas du tout intéressant. C'était un personnage agité, turbulent et d'une inconstance extraordinaire, même pour l'époque. Que nous dit-elle, qu'on a eu des torts envers M. Trouvé? Ancien rédacteur en chef du *Moniteur universel*, Trouvé fut, pendant quelques jours, secrétaire général du Directoire, puis diplomate, puis membre du tribunat. La Restauration, qui le trouva préfet de l'Aude, le maintint dans ce poste. Mais il y déploya un royalisme tellement furieux et persécuteur, que M. Lainé dut se séparer d'un serviteur compromettant. Il le destitua le 26 septembre 1816. Voilà le tort qu'on fit à M. Trouvé.

Mme Charles, dont la santé donnait alors les plus grandes inquiétudes, passa l'été à Viroflay, près Versailles. De là, elle écrivait le dimanche 20 juillet au baron Mounier :

Dimanche, 20 juillet.

Quel ami êtes-vous devenu, monsieur ? Quoi, pas un mot de quinze jours et pas plus de signe de vie que si j'étais à la Chine ! Ah ! que je voudrais être comme vous, ne vous plus aimer du tout et ne m'occuper dans ma solitude que du chant du rossignol ! Mais il n'en est malheureusement pas ainsi. Je vous désire dans ces bois et je me rappelle avec tristesse que j'y ai vu votre aimable femme et vous, et que j'y suis seule.

Ma santé n'est pas assez bonne pour que j'aille à Paris. J'ai été passer deux heures avec mon mari et c'était un jour de si ennuyeuses souffrances que je n'ai pas pu aller vous voir.

Si vous voulez que j'écrive, soyez assez bon pour me faire faire chez votre bon papetier une provision de papier semblable au vôtre, de votre encre bien noire, de votre cire, de vos bonnes plumes taillées à l'anglaise. Je n'ai plus rien de tout cela et c'est comme si je manquais d'eau à boire.

S'il vous était possible de faire porter le tout dans une boîte, mardi matin, chez moi, je l'aurais le soir ici.

Vous voyez si, malgré tous vos torts, j'ai besoin de compter sur vous. — Venez donc. Je vous assure qu'on est bien ici. J'embrasse tendrement votre chère Wilhelmine, vos chers petits anges et j'attends et je désire toute la famille. J'aurais bien aussi à prier Mme Mounier de me faire faire quelques emplettes, mais je crains l'indiscrétion. Pour vous, monsieur, il faut bien que vous ayez les charges de l'amitié puisque vous en avez le profit.

JULIE.

Je vous recommande mon pauvre François.

Des nouvelles, des nouvelles, je vous en prie. On ne sait ce que c'est dans mes bois. Adieu, monsieur.

À Viroflay, par Versailles. Maison de M. Labé.

Ce qui frappe dans cette lettre, c'est l'exaltation croissante de l'amitié. Je laisse à juger aux grands connaisseurs des âmes, si ces ardeurs amicales peuvent se concilier dans une femme avec les soins d'un ardent amour, si cette Julie enfin, si occupée de la famille Mounier, mari, femme, enfants, peut tout à fait être la Julie de *Raphaël*.

Ce doute grandira quand on aura sous les yeux la lettre suivante. Elle est datée de Viroflay le 15 septembre 1817.

C'est la dernière qui soit entre mes
mains. Julie, quand elle l'écrivit, n'avait
plus guère que trois mois à vivre. Elle était
très malade. L'absence et le silence de
M. Mounier, alors chez sa sœur à Grenoble, lui causaient une tristesse qu'elle
sut exprimer avec abondance et d'une façon
touchante :

Viroflay, 15 septembre 1817.

Je ne sais, monsieur, ni où vous prendre ni
si vous allez nous revenir. Vous gardez avec moi
un bien cruel silence. Quand j'examine tout ce
que j'ai perdu auprès de vous et que je vois les
mois et les semaines qui s'écoulent augmenter
encore ces pertes irréparables et si doulou-
reuses, je me demande s'il n'y a pas de ma faute,
et il faut bien qu'oui. Mais je ne suis pas moins
à plaindre, car, assurément, l'intention n'y est
pas et Dieu sait si je vous regrette ! Enfin, pas-
sons sur ces amertumes. La vie en est pleine et
on a beau la repousser de toutes ses forces, elle
est longue, bien longue !

Vous êtes, vous, monsieur, des heureux de ce
monde ; cette pensée me console. Elle me prouve

que le ciel est juste. Elle m'avertit que j'aurais
tort de troubler vos plaisirs; que peut-être j'aurais mieux fait de ne pas vous dire ce qui pré-
cède. Ne vous y arrêtez pas. Ce n'est pas moi
qui voudrais, pour un épanchement qui me sou-
lage, rembrunir une seule minute de votre vie.

Je devais vous écrire aussi. Je vous l'avais
promis, et je comptais y trouver des jouissances :
hélas ! je ne l'ai pas pu. Votre départ m'a porté
malheur. J'étais déjà accablée sous le poids de
la souffrance et de mille impressions pénibles,
mais la maladie n'était pas encore la plus forte,
c'était moi. — Après avoir couru pour notre
affaire pendant quelques jours et après avoir
acquis la certitude que vous l'aviez arrangée par
vos bonnes et pressantes recommandations, je
suis revenue ici pour me reposer. Mais j'y appor-
tais la fièvre, une maladie de poitrine qu'on
appelle, je crois, un catarrhe suffoquant et de
grands maux de nerfs. C'est avec toutes ces gen-
tillesses que je vis depuis plus de cinq semaines
sans presque avoir quitté mon lit; et c'est tout
au plus si je puis vous dire que cela va mieux.
Le seul bien sensible que j'aye obtenu depuis
quelques jours, c'est de pouvoir passer deux ou
trois heures assise dans mon jardin. Le reste du
tems je vous ferais pitié. — Je n'ai pas été absolument sans secours. Un médecin de Versailles
vient me voir. Le bon M. Alix a même quitté son

lit pendant vingt-quatre heures pour venir auprès du mien. Mais, du reste, ma solitude a été
complète et, ce qui est presque intolérable dans
cet état, je suis sans femme de chambre faute de
pouvoir en chercher une.

Mᵐᵉ Mounier, à son retour, voudra bien, j'en
suis sûre, se charger de ce soin pour moi, qui
devient de jour en jour plus pressant. Je voudrais
qu'elle fît la bonne action de *séduire* celle qu'elle
m'a fait espérer quelque temps. Je suis si malade,
j'ai tant besoin d'une femme douce, entendue et
soigneuse, que je me persuade qu'on ne ferait
pas un grand mal en l'ôtant à une belle dame qui
trouvera partout à se faire habiller et coiffer,
pour la donner à une pauvre femme qui ne trouvera peut-être nulle part les qualités que celle-
là réunit. Peut-être aurions-nous tort cependant,
et je m'en réfère là-dessus à votre bon jugement
à tous deux. Mais je me recommande toujours à
votre chère Wilhelmine pour me faire chercher
une femme quelconque qui me serve sans me
faire parler; car un des plaisirs que procure la
maladie que j'ai, c'est de faire presque entièrement perdre la voix.

Pardon de vous parler si longuement de moi.
Ce n'est pas que je ne pense à vous, que je ne
vous aye suivi longtems et que je n'aye senti le
bonheur que vous avez goûté en retrouvant cette
sœur comme il n'y en a point, dont vous avez été

si longtems séparés. Il m'est arrivé bien des fois
de m'identifier avec vos scènes de famille, de
prendre ma part des larmes et de la joie, d'écou-
ter d'une oreille attentive vos intéressants entre-
tiens et de vous suivre jusques dans ces montagnes où vous êtes né et que j'aime sans les avoir
encore vues. — Mais ces traits fugitifs se sont
bientôt effacés. Pour se maintenir, ces douces
illusions auraient eu besoin de vos récits, qui
m'ont manqué. Aussi, à présent, je ne vois plus
que dans un nuage, vous, votre ange de femme,
mes chères petiotes; et je vous vois si loin, si
loin, et je suis sur votre retour tellement dans
le vague que j'en pleure.

Voyez la sottise d'aimer des ingrats? C'est
égal, je ne m'en corrigerai pas. Je ne sais si vous
reconnaîtrez mon visage, mais mon âme venez
parler à elle et vous verrez si elle a changé.
J'aimerai toute ma vie le mari, la femme, les enfants; je ne peux pas faire autrement.

Adieu, monsieur, me voilà bien accablée
quoique je me sois reposée souvent. Vous n'aurez rien de Paris et même de Viroflay, car je ne
sais plus comment se portent mes bois. Mon mari
est bien. Il ira sûrement vous voir à votre arrivée.
C'est un plaisir que je lui envie et dont je jouirai
bien tard si vous ne pouvez pas venir me trouver. Comme j'ai du moins du repos dans ma re-
traite, j'y resterai jusqu'à ce que les pluies et le

froid m'en chassent et cela peut me mener jusqu'à la fin d'octobre.

Caressez bien pour moi ma chère Adrienne qui
m'aura oubliée aussi, et embrassez à mon intention les grosses joues de Tine-tine. Que j'aime
ce petit monde! Mais que j'aime donc aussi leur
mère et pourquoi ne le lui dirais-je pas? Vous le
savez, vous, monsieur, si elle m'est chère et si je
sens sa grâce, son charme, ses vertus! Dites-lui
donc de m'aimer un peu, et vous, si tout n'est
pas anéanti, rendez-moi un peu d'amitié.

Le lendemain du jour où la pauvre malade écrivait avec tant de peine cette lettre
affectueuse et triste, Lamartine, de retour
à Aix, où il ne l'attendait point, commen-
çait l'ode au *Lac*, qu'il termina sept jours
après, le 23 septembre. Il la savait per-
due et la chantait déjà comme une morte.

Le mois suivant, il écrivait à M*** de
Canonge, confidente de ses sentiments :

Rien n'a changé qu'en plus mal dans la santé
de la personne dont je vous ai parlé et je ne puis,
à chaque courrier, attendre que la confirmation

de mon malheur ou recevoir les détails d'un état
pire que la mort ; elle serait un bienfait pour tous
deux et j'en suis à cet excès de la désirer pour
elle et pour moi (¹).

Ce funèbre désir fut exaucé. Julie
Charles, après quelques jours de rémission
où elle sentit moins son mal, mourut à
Paris le 18 décembre, dans la 36ᵉ année de
son âge. On dit qu'elle mourut en chré-
tienne, convertie par les soins de M. de
Bonald. M. de Virieu prit le crucifix qu'on
avait placé sur le lit mortuaire et l'envoya
à Lamartine. A la nouvelle de cette mort,
le poëte erra trois jours et trois nuits dans
les bois. Puis il se mit à travailler à une
tragédie de Saül et à des comptes rendus
pour l'Académie de Mâcon. La vie l'avait
repris. C'est une de ces grandes misères
dont parle Chateaubriand, à qui le vieil abbé
Morellet répondait, dans son bon sens, que

(¹) *Correspondance*, t. II, p. 128.

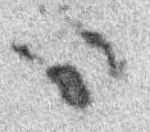

c'était, au contraire, un bonheur que les deuils ne fussent point durables.

Charles survécut de cinq ans et quatre mois à sa jeune femme. Il fut inhumé, seul, le 9 avril 1823, au Père-Lachaise.

Un de ses confrères de l'Académie des Sciences, M. de Rossel, prononça sur sa tombe un discours dans lequel il rappela le souvenir gracieux de la jeune femme à laquelle, je ne sais pourquoi, le vieillard ne fut pas réuni dans la mort :

Quoiqu'il fût doué d'une âme sensible, dit-il, il a vécu longtemps sans contracter de mariage ; enfin, dans un âge assez avancé, il épousa une jeune femme aimable qui l'a précédé dans la tombe ; il la rendit heureuse, comme tous ceux qui l'ont entouré, et n'a jamais cessé de lui prodiguer les soins les plus assidus (¹).

La tombe du physicien occupe, dans

(¹) *Académie royale des Sciences. Funérailles de M. Charles.* In-4°, p. 4.

la 11e division, l'allée qui porte le nom
du poéte Delille. En cette partie désolée
et charmante du cimetière, le lierre re-
couvre les pierres moussues des tombes,
sur lesquelles apparaissent çà et là des
cippes rompus et des croix penchantes.
Mais la tombe de Charles est entretenue
par des parents pieux. Un petit fusain
verdit devant la pierre funèbre.

APPENDICE

I.

LETTRES DE Mme CHARLES.

Nous donnons ici les cinq lettres de
notre dossier qui n'ont pas trouvé place
dans le texte.

1.

Je vous remercie mille fois, monsieur, de votre
aimable intérêt. Je me suis trouvée un peu lasse
hier, mais je suis restée chez moi le reste du
jour à penser avec plaisir à cette promenade. —
Je vais à quatre heures chez M. de Poix (1) avec

(1) Artur-Jean-Tristan Charles-Languedoc de Noailles,
prince de Poix, duc de Mouchy, député de 1815 à 1816, et pair

M. C. ou M. de Landrieve. Si je n'ai pas la jouissance de vous voir avant, seriez-vous libre après
diner et vous conviendrait-il d'aller à neuf heures
chez Mme Suard ? Je m'y rendrai de mon côté si
je ne vous vois pas auparavant.

Je vais lire tout de suite l'ouvrage que vous
avez la bonté de me prêter. Adieu, monsieur.

Mercredi, 10 heures.

2.

J'étais sortie quand vous avez bien voulu envoyer chez moi. J'ai fait l'effort d'aller chez une
femme de ma connaissance que je croyais malade ;
je rentre accablée. Il faut que j'aille chez Mme S. [1]

de France, né à Paris en 1771, mort en 1834. Servait dans
les armées du roi à l'époque de la Révolution ; il ne prit
aucune part aux événements politiques ; et à la deuxième
Restauration, fut promu maréchal de camp en 1815, et
lieutenant-général le 17 mai 1816.

Le 22 août 1815, élu député du grand collège de la
Meurthe, il siégea dans la majorité de la Chambre introuvable.

Capitaine des gardes du corps du roi, chevalier de Saint-
Louis et de la Toison-d'Or, il fut admis à siéger à la
Chambre des pairs le 20 mars 1815.

[1] Probablement Mme Suard.

que je n'ai pas vue depuis quinze jours. Mais, je
vous en prie, revenons chez moi avant le thé,
afin que je puisse jouir sans contrainte de l'heure
que vous me destiniez. Le monde m'est insupportable.

Voici les livres que vous avez eu la bonté de me
prêter. Vous me pardonnerez d'avoir oublié de
vous les renvoyer depuis quatre jours qu'ils sont
lus. Je ne sais plus de quoi je me souviens.

Mercredi, 3 heures.

3.

Donnez-moi, je vous prie, monsieur, de vos
nouvelles ce matin. J'irais en chercher moi-même
sans un long courrier et un peu de fatigue. J'espère que votre aimable femme n'en aura pas
ressenti de notre course d'hier dans laquelle elle
a été si bonne pour moi! Dites-lui, je vous en
prie, combien je l'aime, et recevez pour vous-
même l'expression d'un attachement que la ré-
flexion, le tems et les comparaisons fortifient
tous les jours.

Mercredi 11.

4.

Je suis bien triste, monsieur, d'avoir perdu hier les momens que vous et Mme Mounier vouliez bien m'accorder. Veuillez le lui dire et être assez bon pour me dédommager bientôt de cette privation. J'étais allée pour mes péchés chez Mme S., où je me suis ennuyée mortellement. Je suis bien décidée à n'y plus retourner.

Je ne saurais trop vous remercier de l'accueil aimable que M. de Barante a fait à M. de L (andrieve). Dès qu'il lui a prononcé votre nom, il l'a comblé. Il lui a dit qu'il n'avait rien à refuser à une personne à laquelle vous vous intéressiez; que vous étiez son ami le plus cher; qu'il ferait tout ce qu'il pourrait pour vous être agréable, etc.
— M. de Landrieve est sorti de chez lui pénétré, et il n'oubliera jamais non plus que moi la bienveillance qu'il faut que vous lui ayez accordée pour lui valoir une réception aussi parfaitement obligeante.

Ces Messieurs sont convenus que M. de L (andrieve) adresserait un nouveau mémoire à M. de Barante, plus explicatif que le premier. J'ai l'honneur de vous l'envoyer pour que vous veuillez bien l'appuyer par un mot. M. de L (andrieve) est convaincu que la grande affaire de la Direction tient au billet que vous ne refuserez pas d'écrire. Je vous le demande avec la confiance que je dois à votre intérêt.

M. de Landrieve me prie de vous dire qu'il serait heureux de vous voir; mais qu'il sait tous vos momens si occupés que la discrétion le retient. Je vous le mènerai cependant un jour pour avoir le plaisir de vous dire avec lui combien je suis reconnaissante et touchée.

Recevez, je vous prie, monsieur, et veuillez offrir à Mme Mounier l'expression de mon attachement.

Jeudi 16 novembre.

J'ai déjà refusé, monsieur, d'aller avec Mme de Tilly voir ce joli ballet. Je l'ai fait sans effort; le spectacle m'inspire toujours le même éloignement. Mais qu'il est loin d'en être de même de la

perspective de passer quatre heures avec vous
et votre aimable femme ! C'est une jouissance que
je sens vivement, quelque part que je la goûte,
et je m'étonne moi-même d'avoir le courage de
m'en imposer la privation. Il le faut cependant.
Il faut tenir à quelque chose dans le monde et
ne pas plus oublier, je crois, les promesses
qu'on se fait à soi-même que celles que l'on fait
aux autres. — Remerciez mille fois Mme Mounier
de sa bonté. J'irai la voir demain matin pour
me consoler de ne pas la voir ce soir. Pour vous,
monsieur, je ne vous vois plus; c'est un parti
pris. Je suis tentée de dire comme Mme Suard :
J'espère que vous croyez à mes regrets.

Point de réponse encore de M. de Maleteste.
Nous avons cependant une bonne lettre de M. de
Vaudreuil, mais je ne sais qu'espérer quand je
vois que rien ne marche et qu'on parle pourtant
de l'organisation pour la fin du mois. Je suis
assez triste de tous ces mécomptes dont je me
prends au sort et non point à vous, vous le croyez
bien. Je crois que vous m'avez servie comme
l'eût fait mon frère si j'avais le bonheur d'en
avoir un. Mais je suis habituée à ne réussir à
rien. Je ne sais absolument que faire de mon
pauvre Loménie. Je vous assure que j'ai souvent
de la vie plus que je n'en peux porter.

Pardon de vous écrire sur ce ton. Je me reproche de rembrunir vos idées à vous à qui le bonheur sourit. Mille choses bien affectueuses, je vous prie, autour de vous et pour vous-même si vous voulez les agréer.

Mardi.

* *

De janvier à avril 1817.

Mille et mille remerciemens à l'aimable ménage qui veut bien s'occuper de moi. Je suis mieux ce matin et il faudrait que je souffrisse davantage pour ne pas aller demain soir jouir du seul plaisir que je trouve à Paris.

M. de Saint-Morys demeure hôtel de Valois, rue de Richelieu.

M. de Landrieve suivra tous les conseils que vous voudrez bien lui donner. Vous êtes pour lui, monsieur, d'une bienveillance que je sens jusqu'au fond de l'âme.

Je vous prie de recevoir et de partager avec Mme Mounier les expressions de la plus affectueuse amitié.

JULIE.

II

SÉBASTIEN RAIMOND BOUCHAUD

DES HERETTES,

PROPRIÉTAIRE A SAINT-DOMINGUE.

Le 13 décembre 1815, Sébastien-Raimond Bouchaud des Herettes adressa au ministre de la marine, qui était alors le comte Beugnot, une demande à l'effet d'obtenir, comme propriétaire de Saint-Domingue, un secours dont il avait été privé depuis 1801 (¹).

(¹) Cette pièce et les suivantes sont conservées aux archives coloniales. — Personnel individuel. Dossier Bouchaud des Herettes.

Voici cette pièce :

*A Son Excellence le Ministre Secrétaire d'État
au département de la Marine,*

MONSEIGNEUR,

Propriétaire d'une habitation située au Port-
de-Paix (Isle Saint-Domingue), j'avais été admis
à partager les secours accordés par le gouvernement aux malheureux colons.

Privé de ces secours en l'an 1801, je suis forcé
aujourd'hui de supplier Votre Excellence de
vouloir bien me faire rétablir sur la liste des
colons. Mon grand âge, le dénuement absolu où
je me trouve ne me donnent que trop de droits à
cette faveur que je sollicite.

J'ose espérer de votre justice, Monseigneur,
que cette faveur ne me sera pas refusée.

J'ai l'honneur d'être, avec le plus profond respect,

Monseigneur,
de Votre Excellence, le très humble
et très obéissant serviteur,

BOUCHAUD DESHERETTES.

A Nantes, le 13 décembre 1815.

Le Comité des colons est prié de vouloir bien adresser la réponse à M. Charles, membre de l'Institut, au palais de l'Institut, à Paris (¹).

Les deux attestations qui suivent furent jointes à la demande de Sébastien-Raimond Bouchaud des Herettes.

Nous, soussignés, habitans de cette ville de Nantes, colons propriétaires à Saint-Domingue et admis à recevoir les secours donnés par le gouvernement aux propriétaires dans les colonies, certifions à tous qu'il appartiendra que Monsieur Sébastien-Raimond des Herettes, demeurant à Nantes, est propriétaire à Saint-Domingue.

En foi de quoi nous lui avons donné le présent.

A Nantes, le 13 décembre 1815.

Le comte DE BERLAYMONT,
Maréchal des camps et armées du Roy.

DELINÉE.

(¹) Cet avis est de la main de Mme Charles.

Vu par nous, officier de la Légion d'honneur, maire de la ville de Nantes, pour légalisation de la signature Delinée apposée ci-dessus.

En mairie, à Nantes, le 11 décembre 1815.

ROSSEL.

Je soussigné certifie qu'il est à ma parfaite connoissance que Monsieur Bouchaud des Herettes, âgé d'environ soixante-dix-huit ans, étoit propriétaire de l'habitation du Cap-Rouge, située au quartier de Port-de-Paix, isle Saint-Domingue.

A Paris, le 1er may 1816.

BEGOUEN.

Le 24 mai 1816, M. Bouchaud des Herettes fut avisé, par la lettre suivante, que le ministre avait fait droit à sa demande :

MARINE

7me Division.

DIRECTION
DES COLONIES.

Bureau
d'admission.

*Avis de son admis-
sion aux secours
du gouvernement.*

Paris, le 24 mai 1816.

MONSIEUR,

J'ai l'honneur de vous prévenir que vos titres à obtenir les secours du gouvernement en qualité de propriétaire à Saint-Domingue, ayant été reconnus par le Comité des colons notables, à qui votre demande à cet égard avait été renvoyée, Son Excellence le Ministre secrétaire d'État de la Marine et des colonies a ordonné de vous comprendre dans l'état n° 49, qui va être incessamment adressé à son Excellence le Ministre secrétaire d'État de la police du Royaume. Vous voudrez bien vous présenter avec cette lettre d'avis à votre municipalité, pour qu'elle certifie que, n'ayant en France ni propriétés, ni ressources industrielles, les secours du gouvernement vous deviennent nécessaires. Vous ferez également attester par elle le nombre et l'âge des enfants que vous pourriez avoir, et pour chacun desquels vous auriez droit à un supplément de secours. Vous aurez, en outre, à transmettre, le plus tôt qu'il sera possible, au Ministre de la police générale le certificat qui vous sera délivré.

Recevez, Monsieur, l'assurance de ma parfaite considération.

Le Conseiller d'État, chargé de la direction supérieure de l'administration des colonies,

PORTAL.

Sébastien - Raimond Bouchaud des Herettes est très probablement un oncle de M⁰ᵉ Charles. Né à Nantes et baptisé le 6 août 1738, il fut inscrit sur le registre de la paroisse Saint-Nicolas sous les noms de Sébastien-Raymon. Il mourut dans sa ville natale le 7 janvier 1821. Il porte sur son acte de décès les noms de Sébastien-Raymond Bouchaud. Sébastien Raymond était fils de René Bouchaud sieur des Herettes, qui eut quatre fils : René-Nicolas, François-Joseph, André-Pierre et Sébastien-Raymond.

III

SUR LA DATE DE LA MORT
DE Mme CHARLES.

De l'*Intermédiaire des Chercheurs et des Curieux* :

« Mme CHARLES. — Est-il indiscret de demander, à qui le pourrait savoir facilement par les registres de l'État civil de Paris, le nom que portait, avant son mariage la jeune fille qui épousa le savant *Charles*, mort en 1823, membre de l'Institut? L'acte de décès en fait certainement mention. (Angers). C. — P. P.

T. II, col. 196. (10 avril 1865).

» M⁰ᵉ CHARLES. — En mesure, depuis longtemps de répondre à la question de M. C. — P. P.,
j'ai pourtant hésité à le faire : il comprendra
parfaitement le motif de ma réserve. Mais on me
fait observer que le voile qu'il s'agit d'enlever
entièrement a été, déjà, bien haut et très com-
plaisamment soulevé, et que la discrétion ne
semble plus commandée par les convenances.
La jeune fille qui épousa le savant Charles,
l'aéronaute intrépide, se nommait *Julie*-Fran-
çoise Bouchaud des Herettes. Elle est morte à
Paris, le 18 décembre 1817, dans toute la force
de l'âge et « Comme un fruit encor vert du ra-
meau détaché ». Son mari avait trente-six ans
de plus qu'elle. » VALLERS J.

T. II, col. 374 et 375 (25 juin 1865).

IV.

SUR LA SÉPULTURE DE Mme CHARLES.

« Au cimetière du Père-Lachaise, dans le massif dit des Musiciens, à côté du tombeau de la famille Breguet, se trouve une pierre très simple, couchée, portant les noms suivants :

J. A. C. CHARLES.

C'est la tombe du savant membre de l'Institut, bien connu par ses expériences aérostatiques, né à Baugency en 1746, mort le 7 avril 1823. Quoique la tombe soit ancienne, il est visible qu'elle est l'objet de soins ; un petit arbrisseau toujours vert en témoignerait au besoin. Là repose (¹) en effet celle qui fut Elvire, de son nom de femme Mme Charles, et de son nom de fille Julie-Françoise Bouchaud des Herettes,

(¹) M. Nauroy se trompe. Le physicien Charles repose au Père-Lachaise dans la 11ᵉ division, 3ᵉ ligne

morte à Paris le 18 décembre 1817, à trente-cinq
ans ; elle avait trente-six ans de moins que son
mari Charles. Lamartine a agréablement romancé

du chemin Méhul. Il y repose seul, sous une pierre
plate qui porte cette inscription :

J. A. C. CHARLES

MEMBRE DE L'ACADÉMIE DES SCIENCES
ET DE LA LÉGION D'HONNEUR,
BIBLIOTHÉCAIRE DE L'INSTITUT,
DÉCÉDÉ LE 7 AVRIL 1823
AGÉ DE 76 ANS.

Concession à perpétuité.

Sur une autre pierre, celle-là arrondie et levée,
on lit :

O CHARLES,
LA SCIENCE AÉROSTATIQUE
QUE TU AS CRÉÉE
TRANSPORTA TON CORPS AU-DESSUS DES NUES
ET LA SAGESSE CONSEILLÈRE DE SOCRATE
ÉLEVA TON AME
AU-DESSUS DES PASSIONS.
TU AVAIS ESSAYÉ
TON VOL VERS LES CIEUX
AVANT QUE DE NOUS QUITTER POUR JAMAIS.

N. Lemercier, de l'Institut de France.

Les registres du cimetière de l'Est (cimetière du
Père-Lachaise) mentionnent que Charles fut inhumé
seul. On n'y trouve aucune trace de l'inhumation de
sa femme.

sa liaison avec Elvire. Ceux qui l'ont connue savent qu'elle n'était nullement poitrinaire. La réalité est beaucoup plus triste. « O ironie du destin ! une fille est née à Aix (Savoie) des amours de Lamartine et d'Elvire. Elle tient une gargote dans un coin de la ville. » (*Moniteur Universel* du 17 juillet 1877.) (¹).

(¹) *Le Curieux*, par Charles Nauroy, 15 octobre 1883.

V.

SUR UNE GARGOTIÈRE D'AIX-LES-BAINS.

Sous la rubrique *Courrier des Eaux*,
on lit, dans le *Moniteur* du 17 juillet 1877,
un article sur la saison d'Aix-les-Bains,
dans lequel se trouvent ces lignes :

Hier, c'était M. Lemercier de Neuville avec
un pupazzi qui a obtenu peu de succès. Demain,
ce seront Dupuis, des Variétés, et Mlle Zulma
Bouffar.

Puis vient ce paragraphe :

Je n'ai pas eu le temps de faire l'excursion de
la Dent-du-Chat; mais, par contre, j'ai fait le tour
du Lac du Bourget. C'est celui que Lamartine a
chanté :

Un soir, t'en souvient-il ?

Qui n'a chanté cela? O ironie du destin! Une
fille est née à Aix des amours du grand poète et
d'Elvire. Savez-vous ce qu'elle fait aujourd'hui?
Elle tient une gargote dans un coin de la ville.

Il est inutile de faire remarquer que
cette fable impertinente n'a et ne saurait
avoir aucun fondement réel. Après trois
mois de séjour, Mme Charles quitta Aix
pour n'y plus revenir.

VI.

SUR LA MAISON DE CHARLES A BEAUGENCY.

On lit dans le *Temps* du 9 juillet 1889,
sous ce titre : *Billet du matin :*

G...., 8 juillet.

Je suis sûr, ma cousine, que vous ne vous êtes
jamais demandé pourquoi la vieille maison que
j'habite (¹) s'appelle la « maison Charles ». Eh
bien, je vais vous le dire, même si vous n'êtes pas
autrement curieuse de le savoir.

Elle s'appelle la maison Charles parce qu'elle
a appartenu à Charles et que Charles s'y est ré-
fugié pendant la Terreur.

Qui cela, Charles ?

Charles (Alexandre-César), né en 1746, mort
en 1823, est une gloire de chez nous. Son buste

(¹) A Beaugency.

est à la mairie de mon chef-lieu de canton, où il décore la cheminée de la bibliothèque municipale. Charles fut membre de l'Académie des Sciences. Il était physicien de son état. Je sais, depuis que je suis au monde, qu'il perfectionna les ballons et qu'il eut le premier l'idée de les gonfler avec de l'hydrogène. Voilà !

Ma maison n'est pas belle ; ce n'est qu'une grande maison de paysans. Mais il y a, au premier, une chambre assez vaste, avec une large fenêtre, d'où l'on voit de beaux prés et, à l'horizon, de l'autre côté de la Loire, la ligne bleuâtre des bois de Sologne. J'étais très ému jadis en songeant qu'un homme aussi considérable que le physicien Charles n'avait pas dédaigné d'occuper cette chambre où je couchais.

Un jour, mon émotion et ma fierté redoublèrent.

Voici pourquoi (je fais beaucoup de paragraphes pour soutenir votre attention) :

Je venais d'apprendre que la créature idéale rencontrée par Lamartine au lac du Bourget, célébrée dans les *Méditations* sous le nom d'Elvire, et sous le nom de Julie dans *Raphaël*, n'était autre que la jeune femme du physicien Charles, remarié sur ses vieux jours.

Ainsi, Elvire avait peut-être dormi dans mon

alcôve! Julie s'était peut-être accoudée à ma fenêtre! Les arbres de mon jardin s'étaient peut-
être reflétés dans les yeux que Lamartine aimait!
Je couchais « approximativement » dans le lit du
grand poète? Quel honneur, ma cousine! Je ne
fus pas éloigné de croire que la Providence avait
des vues sur moi, et c'est alors que je fis mes
premiers mauvais vers.

Malheureusement, je voulus m'assurer de mon
bonheur, je m'informai et j'acquis la triste certitude que le physicien Charles n'était pas re-
venu sur notre coteau depuis le séjour qu'il y
avait fait en 1793 (époque où il n'avait pas encore
épousé Elvire-Julie) et que, par conséquent, rien
de l'âme de Julie-Elvire, absolument rien, ne
pouvait flotter dans la vieille chambre...

La désillusion fut rude au premier moment.
Maintenant j'y suis fait.

Je rentre à Paris, ma cousine.

T. (¹)

(¹) Ces *Billets du matin* furent signés dans le *Temps* de
la lettre T. L'auteur, M. Jules Lemaître, en publia plusieurs dans la 5ᵉ série des *Contemporains* (1892, in-18); celui
du 9 juillet n'a pas été admis dans ce recueil.

FIN.

3 décembre 50

150

3 décembre 50